Alexander Müller

Nutzung der Internettechnologie für Einkaufsfunktionen unterlegt mit einem
Dokumentenmanagement

Management für den Workflow

Alexander Müller

Nutzung der Internettechnologie für Einkaufsfunktionen unterlegt mit einem Dokumentenmanagement

Management für den Workflow

diplom.de

Bibliografische Information der Deutschen Nationalbibliothek:

Bibliografische Information der Deutschen Nationalbibliothek: Die Deutsche Bibliothek verzeichnet diese Publikation in der Deutschen Nationalbibliografie; detaillierte bibliografische Daten sind im Internet über http://dnb.d-nb.de/ abrufbar.

Copyright © 1998 Diplomica Verlag GmbH
Druck und Bindung: Books on Demand GmbH, Norderstedt Germany
ISBN: 978-3-8386-1736-7

http://www.diplom.de/e-book/217603/nutzung-der-internettechnologie-fuer-ein-kaufsfunktionen-unterlegt-mit-einem

Alexander Müller

Nutzung der Internettechnologie für Einkaufsfunktionen unterlegt mit einem Dokumentenmanagement
Management für den Workflow

Diplomarbeit
an der Universität Ulm
Oktober 1998 Abgabe

Diplomarbeiten Agentur
Dipl. Kfm. Dipl. Hdl. Björn Bedey
Dipl. Wi.-Ing. Martin Haschke
und Guido Meyer GbR

Hermannstal 119 k
22119 Hamburg

agentur@diplom.de
www.diplom.de

ID 1736
Müller, Alexander: Nutzung der Internettechnologie für Einkaufsfunktionen unterlegt mit einem Dokumentenmanagement: Management für den Workflow / Alexander Müller ·
Hamburg: Diplomarbeiten Agentur, 1999
Zugl.: Ulm, Universität, Diplom, 1998

Dipl. Kfm. Dipl. Hdl. Björn Bedey, Dipl. Wi.-Ing. Martin Haschke & Guido Meyer GbR
Diplomarbeiten Agentur, http://www.diplom.de, Hamburg
Printed in Germany

Diplomarbeiten Agentur

Wissensquellen gewinnbringend nutzen

Qualität, Praxisrelevanz und Aktualität zeichnen unsere Studien aus. Wir bieten Ihnen im Auftrag unserer Autorinnen und Autoren Wirtschafts- studien und wissenschaftliche Abschlussarbeiten – Dissertationen, Diplomarbeiten, Magisterarbeiten, Staatsexamensarbeiten und Studien- arbeiten zum Kauf. Sie wurden an deutschen Universitäten, Fachhoch- schulen, Akademien oder vergleichbaren Institutionen der Europäischen Union geschrieben. Der Notendurchschnitt liegt bei 1,5.

Wettbewerbsvorteile verschaffen – Vergleichen Sie den Preis unserer Studien mit den Honoraren externer Berater. Um dieses Wissen selbst zusammenzutragen, müssten Sie viel Zeit und Geld aufbringen.

http://www.diplom.de bietet Ihnen unser vollständiges Lieferprogramm mit mehreren tausend Studien im Internet. Neben dem Online-Katalog und der Online-Suchmaschine für Ihre Recherche steht Ihnen auch eine Online-Bestellfunktion zur Verfügung. Inhaltliche Zusammenfassungen und Inhaltsverzeichnisse zu jeder Studie sind im Internet einsehbar.

Individueller Service – Gerne senden wir Ihnen auch unseren Papier- katalog zu. Bitte fordern Sie Ihr individuelles Exemplar bei uns an. Für Fragen, Anregungen und individuelle Anfragen stehen wir Ihnen gerne zur Verfügung. Wir freuen uns auf eine gute Zusammenarbeit

Ihr Team der *Diplomarbeiten* Agentur

Dipl. Kfm. Dipl. Hdl. Björn Bedey —
Dipl. Wi.-Ing. Martin Haschke ——
und Guido Meyer GbR ————

Hermannstal 119 k ————
22119 Hamburg ————

Fon: 040 / 655 99 20 ————
Fax: 040 / 655 99 222 ————

agentur@diplom.de ————
www.diplom.de ————

Inhaltsverzeichnis

Vorwort 6

1   Einleitung 7

2   Darstellung der Stuttgarter Straßenbahnen Aktiengesellschaft (SSB) 8
     2.1   Historischer Abriß 8
     2.2   SSB heute 8
     2.3   Die Organisation der SSB 9
     2.4   Die EDV der SSB 9

3   Einkaufsfunktionen und dazugehöriges Ist bei der SSB 11
     3.1   Einkaufsfunktion 11
     3.2   Abläufe bei der SSB 13
     3.3   ABC-Analyse 15

4   Erklärung der Internettechnologie und der verschiedenen Dienste 17
     4.1   Technische Betrachtung 17
            4.1.1   Netze 18
            4.1.2   Internet-Architektur 19
            4.1.3   Protokolle im Internet 21
     4.2   Electronic Mail (E-Mail) 23
     4.3   World Wide Web (WWW) 24
            4.3.1   Suchmöglichkeiten im Internet 24
     4.4   File Transfer (FTP) 25
     4.5   News 25
     4.6   Sonstige Dienste 25

5   Wie kann die Internettechnologie für die
     Einkaufsfunktion genutzt werden? 27
     5.1   Kurzbeispiel Firma Quelle Versand 27
     5.2   Externe Informationen 29
     5.3   Online-Ausschreibungen, Anfragen, Angebote 29
     5.4   Bestellprozeß 31
            5.4.1   Unterstützung durch ein Intranet 32
     5.5   Anbindung an SAP 33
     5.6   Standardisierung 35
            5.6.1   Elektronische Marktplätze 36
     5.7   Sicherheit 37

6   Dokumenten-Management 41
    6.1   Archivierungssysteme 46
        6.1.1 Scannen 46
        6.1.2 Datenübernahme aus anderen Anwendungen 49
        6.1.3 Indizieren 49
        6.1.4 Speichern 52
        6.1.5 Recherchieren, Anzeigen und Löschen 55
    6.2   Retrieval-Systeme 57
    6.3   Engineering Data Management 58
    6.4   Groupware 59
    6.5   Workflowsysteme (Vorgangsunterstützungssysteme) 60

7   Einsetzbarkeit des Dokumenten-Managements
    für die Abbildung des Einkaufs 64
    7.1   Optimierung der Abläufe 65
    7.2   Anbindung an SAP 66
    7.3   Standardisierung 69

8   Verbindung von Dokumenten-Management und Internettechnologie 72
    8.1   Technische Realisierbarkeit 75
        8.1.1 Notwendige Systemvoraussetzungen 75
        8.1.2 Datenaustausch mit Lieferanten über Internet 76
        8.1.3 Konzeption eines Dokumenten-Management-Systems 77
    8.2   Rechtliche Betrachtung 80
        8.2.1 Elektronische Unterschrift 81
    8.3   Wirtschaftlichkeitsbetrachtung für die SSB 83
        8.3.1 Kosten eines neuen Systems 83
        8.3.2 Nutzen eines neuen Systems 84

9   Fazit 89

A   Organisationsplan 90

B   Tabellen eines Dokumenten-Management-Systems 92

C   Beispiel für die Verbesserung eines internen Prozesses 94

D   Beispielkalkulationen 96

Abbildungsverzeichnis 98
    Tabellenverzeichnis 99

Literaturverzeichnis 100
    Internetadressen 101
    Sonstige Hilfsmittel 103

Vorwort

Diese Arbeit wurde für die Stuttgarter Straßenbahnen AG (SSB) in der Sektion Angewandte Informationsverarbeitung der Universität Ulm erstellt und durch die Dienststelle Multiprojektmanagement im Unternehmensbereich Datenverarbeitung und Organisation der SSB mit betreut.

Dank möchte ich den Angehörigen der Fakultät für Mathematik und Wirtschaftswissenschaften für meine Förderung aussprechen. Besonders bedanke ich mich bei Herrn Prof. Dr. Franz Schweiggert für die optimale und unkomplizierte Betreuung. Sehr geholfen hat mir auch Herr Dr. Matthias Grabert, dem ich ebenfalls danke.

Die Erstellung dieser Diplomarbeit setzte die Unterstützung der Mitarbeiter der SSB voraus, bei denen ich mich an dieser Stelle herzlich für die stets offene und konstruktive Zusammenarbeit bedanke. Mein besonderer Dank geht an meine Betreuerin bei der SSB, Frau Anke Blankertz, die diese Arbeit ermöglichte.

Das Fraunhofer Institut Arbeitswirtschaft und Organisation unterstützte mich unbürokratisch durch die Bereitstellung von Informationen.

Abschließend danke ich meiner Familie und meiner Freundin Tanja für die direkte und indirekte Hilfe bei der Erstellung dieser Arbeit.

Ulm, im Oktober 1998

Alexander Müller

Kapitel 1   Einleitung

Durch die stark zunehmende Bedeutung des Internets entdecken auch immer mehr Unternehmen das Internet zur kommerziellen Nutzung. Dabei spielten bisher Textseiten zur Information und später die sogenannten Online-Shops Vorreiterrollen. Die Business-to-Business-Transaktionen, d. h. die Abwicklung von Geschäften basierend auf elektronischem Datenaustausch, nehmen schon seit längerer Zeit stark zu. Durch die nun auch hierfür entdeckte Internettechnologie eröffnen sich neue Möglichkeiten.

Aufgabe dieser Diplomarbeit ist die Untersuchung der Nutzung dieser Technik im Bereich Einkauf. Betrachtet wird auch der Einsatz eines Dokumenten-Management für die Abbildung des Workflows. Vorgabe der Stuttgarter Straßenbahnen AG war, die herkömmlichen Medien bei der Abwicklung der Beschaffungsfunktionen völlig durch die neue Technik zu ersetzen.

Grundlagen des Internets und die Funktionsweise von Dokumenten-Management-Systemen werden erläutert. Wichtige Aspekte, wie die Anbindung der neuen Software an das System von SAP, Standards, Sicherheit der Netze und Optimierung der Prozesse werden untersucht und von einer technischen und rechtlichen Betrachtung eines Einsatzes im Einkauf ergänzt.
Für die Stuttgarter Straßenbahnen AG wird abschließend geprüft, ob der Einsatz eines neuen Systems sinnvoll ist und inwieweit ein Nutzen generiert werden kann.

Kapitel 2   Darstellung der Stuttgarter Straßenbahnen Aktiengesellschaft (SSB)

2.1 Historischer Abriß

1868 wurde die Stuttgarter-Pferde-Eisenbahn-Gesellschaft gegründet. Durch eine Fusion mit der „Neuen Stuttgarter Straßenbahngesellschaft" gingen daraus am 27. Februar 1889 die Stuttgarter Straßenbahnen AG hervor. Bereits sechs Jahre nach dem Zusammenschluß konnten elektrische Straßenbahnen die Pferdebahnen ersetzen. Durch die Übernahme der „Cannnstatter Straßenbahnen GmbH" wurde ein kontinuierlicher Ausbau des Nahverkehrs bereits 1919 begonnen.

Es folgte der weitere Ausbau der Geschäftstätigkeit im Jahre 1934 durch Übernahmen der „Straßenbahnen Feuerbach Gerlingen" und der Filderbahn (gegr. 1884). Die großen Zerstörungen - auch eines großen Teils des Streckennetzes - im 2. Weltkrieg wurden bereits nach wenigen Jahren behoben.

In den 50er Jahren schwoll der private Kraftfahrzeugverkehr lawinenartig an, so daß auch die Straßenbahn durch Störungen des Verkehrs nachhaltig negativ beeinflußt wurde. Dies führte zur Wandlung der eigentlichen Prägung hin zu Tunnels und zur U-Straßenbahn, schlußendlich zur U-Bahn. 1985 begann die Ära der Stadtbahn mit der Eröffnung der Linie U3.

2.2 SSB heute

Die SSB ist heute ein modernes Personennahverkehrsunternehmen. Die Landeshauptstadt Stuttgart hält 99 % der Aktien. Folgende öffentliche Verkehrsaufgaben müssen erfüllt werden:

- Bereitstellung der Infrastruktur, um die Mobilität der Bürger zu gewährleisten
- Funktionsfähigkeit der Stadt sichern

Diese Dienstleistungen werden möglichst umweltfreundlich, energie-, flächensparend und kostengünstig realisiert.

Die Gesamtlinienlänge beträgt knapp 850 Kilometer. Die SSB hat 250 Busse, 72 Straßenbahnfahrzeuge und 114 Stadtbahnfahrzeuge (Stand: 1997). Der Betrieb läuft an 365 Tagen im Jahr. „Täglich werden 450 000 Personen schnell, sicher und bequem an ihr Ziel gebracht." [Geschäftsbericht96] Im Jahre 1997 beschäftigte die SSB 2813 Mitarbeiter, jeder sechste davon arbeitete in der Verwaltung.

Bei einer Bilanzsumme von DM 928.151.499,84 bestand im Jahr 1997 ein Ausgleichs-anspruch von DM 91.514.954,59.

Die SSB ist Partner im Verkehrs- und Tarifverbund Stuttgart (VVS). Die Verbund-konstruktion sieht seit dem Jahre 1996 aufgrund gesetzlicher Änderungen wie folgt aus: Die Aufgabenträger (das Land Baden-Württemberg, der Verband Region Stuttgart, die Landeshauptstadt Stuttgart und vier Umlandkreise) sind zu 50 % beteiligt. Die SSB hält einen Anteil von 26 % und die restlichen 24 % entfallen auf die ca. 40 Verkehrs-unternehmen der Region.

2.3 Die Organisation der SSB

Am 01.06.1996 ist bei der SSB eine neue Organisation verwirklicht worden, die folgende wesentliche Strukturelemente aufweist:

• Stärkere Dezentralisierung mit mehr Verantwortung und Entscheidung vor Ort
• Eine Verschlankung der Organisation auf allen Ebenen durch die Zusammenführung der zwei Führungsebenen Hauptabteilungsleiter und Abteilungsleiter zu einer neuen Führungsebene Unternehmensbereichsleiter

Damit soll der innere Aufbau der SSB flexibel gestaltet werden, um auf veränderte Anforderungen besser reagieren zu können. Die SSB ist sowohl nach Sparten (z. B. Gleisbau, Infrastruktur Fahrwege, Verkehr, usw.), als auch nach Funktionen (z. B. Materialwirtschaft, Personal, Controlling usw.) untergliedert. Insgesamt achtzehn Unternehmensbereiche werden dem jeweiligen Vorstand zugeordnet: Dem Vorstandssprecher (Technischer Vorstand (TV)) acht Unternehmensbereiche, dem Arbeitsdirektor (AV) vier und dem Kaufmännischen Vorstand (KV) sechs. Die Unternehmensbereiche Datenverarbeitung und Organisation (D), Controlling (C), Finanzen und Vertrieb (F) und Materialwirtschaft (M) sind dem Kaufmännischen Vorstand (KV) zugeordnet (siehe Anhang A).

2.4 Die EDV der SSB

Die SSB verfügt über ein über die ganze Stadt Stuttgart reichendes Glasfaserkabel-Netz. Das SSB-Zentrum befindet sich im Stadtteil Möhringen, in dem auch die Hauptverwaltung angesiedelt ist. Für das SSB-Zentrum und die über die Stadt verteilten Betriebsstätten und die zugehörigen Büros besteht bereits ein Token-Ring mit 16 Mbits/s.
Ein Großrechner (IBM 3090) ist u. a. Server für die betriebswirtschaftliche Standardsoftware SAP-R/2. Im Moment werden folgende Module verwendet: Anlagenbuchhaltung (RA), Finanzbuchhaltung (RF), Materialwirtschaft (RM-MAT), Kostenrechnung (RK), Personalwesen (RP) und Instandhaltung (RM-INST). Es werden sowohl Oracle, als auch SQL Datenbanken verwendet.
Es steht ein PC-Server zur Verfügung. Weiter hängen ca. 600 PCs (Clients) am SSB-Netz, sowie ca. 300 Drucker, die teils lokal, teils über das Netzwerk freigegeben sind.

Auch die CAD-Arbeitsplätze sind mit dem SSB-Netz verbunden. Desweiteren steht ein Fax-Server, der mit ISDN-Leitungen arbeitet, bereit.
Über das SSB-Netz kann auf 350 Fahrscheinautomaten, auch von außerhalb, zugegriffen werden. Die externe Firma, die für diese kostengünstige Fernwartung zuständig ist, muß sich vor jedem Zugriff anmelden. Das Netz wird somit nur bei Bedarf kurzfristig von der SSB freigegeben.
Für die Nutzung des Internets durch die Mitarbeiter ist eine Firewall vorgesehen, die das SSB-Netz schützen sollen. Der Zugriff könnte über vorhandene ISDN-Leitungen erfolgen.

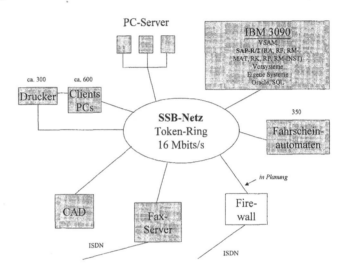

Abbildung 1: SSB-Rechner-Netz

Die SSB verfügt bereits über eine Homepage im Internet mit folgender Adresse: http://www.ssb-ag.de/. Über diese Seite können Statistiken der SSB, aktuelle Fahrplanauskünfte u. v. m. abgefragt werden. Im Moment verfügt die SSB über keinen eigenen WWW-Server, die bereitgestellten Seiten liegen bei einem Provider.

Kapitel 3   Einkaufsfunktionen und dazugehöriges Ist bei der SSB

3.1 Einkaufsfunktion

Ziel des Einkaufs ist eine kostengünstige Versorgung des Unternehmens mit Gütern. Die entsprechende Qualität und Menge, sowie der richtige Zeitpunkt und der Lieferort müssen dabei eingehalten werden.

Dazu ist es notwendig, daß der Einkäufer über die Marktstruktur und die Marktveränderungen informiert ist; eine gute Warenkenntnis der zu beschaffenden Produkte ist wichtig.

Der Beschaffungsprozeß umfaßt folgende Aufgaben:

- Bedarfsermittlung
- Beschaffungsmarktanalysen
- Bezugsquellenermittlung
- Anfragen, Ausschreibungen nach VOB/VOL
- Angebotsvergleiche
- Verhandlungen mit den Anbietern
- Bestellerteilung und -abwicklung
- Gewährleistungsverfolgung
- Terminüberwachung

Für die Anfragen, Angebote und Bestellungen, sowie die Auftragsannahme bzw. -bestätigung ist vom Gesetzgeber keine zwingende Form vorgeschrieben. Durch sein Angebot wird der Anbieter dem Käufer gegenüber verpflichtet. Ein Kaufvertrag kommt durch inhaltliche übereinstimmende, rechtsgültige Willenserklärungen von mindestens zwei Personen zustande. Erfolgt auf das Angebot eine Bestellung, so ist der Kaufvertrag bereits zustande gekommen und eine Bestellungsannahme spielt rechtlich keine Rolle mehr. Jeder Einkauf unterteilt sich in ein Verpflichtungs- und Erfüllungsgeschäft (Abschluß und Erfüllung des Vertrages).

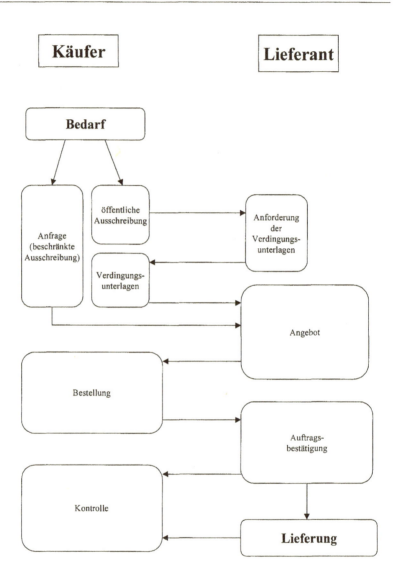

Abbildung 2: Einkaufsprozeß

3.2 Abläufe bei der SSB

Die Einkaufsfunktionen der SSB werden zentral durch den Unternehmensbereich Materialwirtschaft erledigt. Der Unternehmensbereich Materialwirtschaft (M) wird noch weiter untergliedert und zwar in die Dienststellen Ma, Mb, Mc und Mi:

- Ma: Material und Dienstleistungen
- Mb: Bau
- Mc: gemeinsame Funktionen
- Mi: Investitionsgüter und Kraftfahrzeuge

Die Dienststellen Ma, Mb und Mi haben Beschaffungs- und Lagerverwaltungsfunktionen. Nur in diesen drei Dienststellen der SSB arbeiten Einkäufer.

Wie erfährt der Einkäufer vom Bedarf im Unternehmen?

(a) **Bestellanforderung** für Dienstleistungen, Verbrauchsgüter und geringwertige Wirtschaftsgüter (GWG)
(b) **Projektantrag** für Investitionsgüter
(c) **Auftragsanforderung** für Materialien und Dienstleistungen für den Baubereich
(d) **BANF** (Bestellanforderung über SAP) für Lagermaterial

Die unter (a) genannten geringwertigen Wirtschaftsgüter (GWGs) sind Güter deren Wert zwischen DM 100,-- und DM 800,-- liegt. Sie werden innerhalb eines Jahres abgeschrieben, es erfolgt keine detaillierte Inventarisierung. Jede Dienststelle hat ein Budget für GWGs, Dienstleistungen und Verbrauchsgüter, eine Genehmigung der Beschaffung ist somit nicht erforderlich. Für Dienstleistungen und Verbrauchsgüter, dazu zählen auch sämtliche Güter unter DM 100,-- erfolgt die Abschreibung ebenfalls innerhalb eines Jahres. Investitionsgüter (siehe (b)) sind selbständig nutzbare Güter mit einem Wert über DM 800,--. Der Projektantrag durchläuft bei der SSB einen Genehmigungsprozeß. Die Freigabe muß vom Unternehmensbereich Controlling (C) in der Dienststelle Investitionen (Ci) gegeben werden, nachdem der Bezugspreis mitgeteilt wurde. Punkt (c) gilt ausschließlich für den Baubereich.
Bei Punkt (d) wird der Bedarf an Lagermitteln ausschließlich im SAP nach Aufruf in Listenform angezeigt. Für bestimmte Produkte schließt die SSB Rahmenverträge mit Lieferanten ab, so z. B. für viele Lagermaterialien. Der Einkäufer muß einen Abruf aus einem Rahmenvertrag durchführen, nachdem ihm der Bedarf im SAP angezeigt wurde.

Ausschreibung/Anfrage

Der Einkäufer der SSB wird nun aktiv indem er geeignete Lieferanten für die Deckung des angeforderten Bedarfs sucht. Bei der SSB müssen die Richtlinien der VOB/VOL (Verdingungsordnung für Bau/Lieferung und Leistungen) aufgrund von Subventionen eingehalten werden, also müssen die zu vergebenden Aufträge öffentlich ausgeschrieben werden. Für bundesweite Ausschreibungen muß das Volumen der Aufträge beim Bau unter 5 Mio. ECU, bei Lieferung und Leistungen unter 400.000

ECU liegen, für Aufträge, die diese Wertgrenzen überschreiten muß eine EU-weite Ausschreibung durchgeführt werden. Die SSB veröffentlicht ihre Ausschreibungen im Amtsblatt der Stadt Stuttgart und dem Staatsanzeiger, sowie für europaweite Ausschreibungen im EU-Amtsblatt. Interessierte Lieferanten fordern bei der SSB das Pflichtenheft an. Eine Ausschreibung ist durch eine eingegangene Anforderung der Verdingungsunterlagen hinreichend nachgewiesen.

Für Beträge unter DM 200.000,-- erfolgt eine beschränkte Ausschreibung, indem bei Lieferanten angefragt wird. Anfragen gehen an Unternehmen, die der Einkäufer entweder durch frühere Bestellungen, durch Zufall oder durch das ständig neu erscheinende Nachschlagewerk „Wer liefert was?", das die SSB einmal pro Jahr käuflich erwirbt, findet. Die Anzahl der anzuschreibenden Firmen wird im Einkaufshandbuch nach dem Auftragsvolumen geregelt, jedoch sind dies mindestens drei. Im Moment erfolgen die Anfragen entweder schriftlich (Brief, Telegramm, Fernschreiben, Telefax) oder mündlich (persönlich, telefonisch). Anfragen werden in der Regel mit SAP erstellt, ausgedruckt und automatisch per Fax versandt. Bei Bedarf an Lagermitteln ist in vielen Fällen keine Anfrage notwendig, da die Preise bereits im SAP eingepflegt sind und Rahmenverträge bestehen. Ist Material bereits früher von der SSB beschafft worden, so sind darüber im SAP Informationen hinterlegt.

Angebot

Der Eingang von Angeboten wird vom Einkäufer anhand der gesammelten Anfragen überwacht.

Nachdem alle Angebote vorliegen, werden sie geprüft. Dabei muß auf eine Übereinstimmung der angebotenen und der nachgefragten Waren geachtet werden. Anschließend können die Angebote ins SAP eingepflegt werden.

Der folgende Angebotsvergleich wird ebenfalls im Einkauf durchgeführt; im SAP bietet das sogenannte „Einkaufsverhandlungsblatt" eine Hilfestellung. Nun wird der wirtschaftlichste Bieter ermittelt. Es kann sich ein Verhandlungsverfahren anschließen.

Bestellung

Auf ein Angebot erfolgt die Bestellung. Erfolgt eine Bestellung ohne vorheriges Angebot, so muß eine Bestellungsannahme oder ein schlüssiges Handeln des Lieferanten erfolgen. Die Bestellung bei der SSB erfolgt schriftlich, telefonisch, per Fax oder persönlich. Auf eine bestimmte Form muß dabei bei der SSB nicht geachtet werden. Bestellungen können auch über SAP generiert werden. Die Bestellungen werden mehrfach ausgedruckt. Jeweils ein Exemplar ist für die Bestellakte, den Anforderer und das Lager. Eventuell sind zusätzliche Ausfertigungen für Fachleute notwendig (z. B. Sicherheitsingenieur). Jede Bestellung wird von zwei Personen unterschrieben. Ein Bestellduplikat und die Unterlagen gehen an die Registratur. Dort wird der Vorgang als Bestellakte angelegt und wie Geschäftsbriefe - nach gesetzlichen Bestimmungen des HGB - sechs Jahre aufbewahrt.

Auftragsbestätigung

Der Lieferant schickt im allgemeinen nach dem Eingang der Bestellung eine Auftragsbestätigung bzw. Auftragsannahme.

Lieferung

Die Lieferterminüberwachung erfolgt mit SAP. Bei einem Lieferverzug kann der Käufer eine Lieferung verlangen. Nach Stellung und Ablauf einer Frist kann er die Lieferung ablehnen und vom Vertrag zurücktreten oder die Lieferung ablehnen und Schadensersatz wegen Nichterfüllung des Vertrags verlangen.

Nach der Lieferung prüft die Qualitätssicherung, die zur Dienststelle Planung (Wp) im Unternehmensbereich Schienenfahrzeugwerkstätten (W) gehört, die Güter. Falls diese in Art, Menge oder Qualität von der Bestellung abweichen oder aber Beschädigungen aufweisen, wird ein Bericht an die Einkäufer geschickt. Es folgt eine Mitteilung der Mängel an die Lieferanten und fast immer wird eine Einigung ohne Verweis auf die rechtlichen Möglichkeiten erreicht. Sobald die ordnungsgemäße Übergabe festgestellt ist, erfolgt die Bezahlung durch die Finanzbuchhaltung (Fb), die dem Unternehmensbereich Finanzen und Vertrieb (F) zugeordnet ist.

3.3 ABC-Analyse

Um Güter zu bewerten, werden verschiedene Analyseverfahren verwendet. Hier soll kurz die ABC-Analyse vorgestellt werden.

Man unterscheidet bei der ABC-Analyse die drei Klassen A, B und C. Diese Klassen haben erfahrungsgemäß folgenden Anteil am Einkaufsvolumen eines Unternehmens (siehe Abbildung 2):

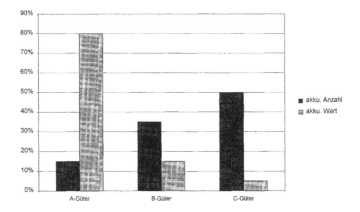

Abbildung 3: Verteilung der A-, B- und C-Güter

- **A-Güter** (bzw. A-Teile oder A-Artikel)
  haben einen Anteil von 80 % am Gesamtwert und machen etwa 15 % der Güter aus.
- **B-Güter** (bzw. B-Teile oder B-Artikel)
  haben einen Anteil von 15 % am Gesamtwert und machen etwa 35 % der Güter aus.
- **C-Güter** (bzw. C-Teile oder C-Artikel)
  haben einen Anteil von 5 % am Gesamtwert und machen etwa 50 % der Güter.

Der organisatorische Aufwand für die Beschaffung bei der SSB ist für A-, B- und C-Güter etwa ähnlich.

Kapitel 4   Erklärung der Internettechnologie und der verschiedenen Dienste

„Das Internet ist wie die richtige Welt. Es ist inzwischen eine fast komplette Spiegelung menschlicher Daseins- und Organisationsformen und hat in kürzester Zeit eine unglaubliche Variations- und Bandbreite erreicht." [Mocker97]

Das Internet ist ein weltumspannendes Computernetz. Die Anzahl der an ihm angeschlossen Rechner hat sich in den letzten Jahren exponentiell erhöht. Provider bieten fast überall zu relativ günstigen Preisen Netzzugänge an, so daß auch Kleinbetriebe und private Interessenten einen Internetzugang bekommen können.

4.1 Technische Betrachtung

Abbildung 4 gibt einen Überblick über den Quasistandard TCP/IP.

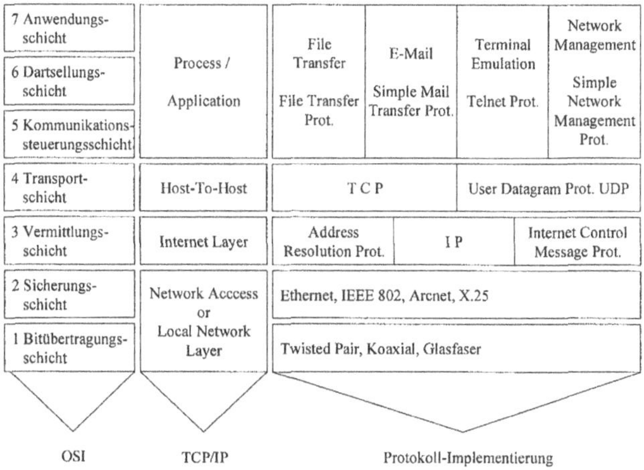

7 Anwendungs-schicht	Process / Application	File Transfer	E-Mail	Terminal Emulation	Network Management
6 Dartsellungs-schicht			Simple Mail Transfer Prot.		Simple Network Management Prot.
5 Kommunikations-steuerungsschicht		File Transfer Prot.		Telnet Prot.	
4 Transport-schicht	Host-To-Host	T C P		User Datagram Prot. UDP	
3 Vermittlungs-schicht	Internet Layer	Address Resolution Prot.	I P	Internet Control Message Prot.	
2 Sicherungs-schicht	Network Access or Local Network Layer	Ethernet, IEEE 802, Arcnet, X.25			
1 Bitübertragungs-schicht		Twisted Pair, Koaxial, Glasfaser			

OSI   TCP/IP   Protokoll-Implementierung

Abbildung 4: Überblick über den Internetstandard TCP/IP [Schweiggert98]

Grundlage der Abbildung 4 ist das herstellerunabhängige DIN/ISO-OSI-Referenzmodell (OSI: Open System Interconnection), das auf der linken Seite zu sehen ist. Die lokalen Netze werden im Kapitel 4.1.1 behandelt. Im Kapitel 4.1.2 geht es u. a. um die Adressierung im Internet, im Kapitel 4.1.3 um die Protokolle TCP/IP, Internet Control Message Protocol (ICMP) und User Datagram Protocol (UDP). Auf die Applikationen und die dazugehörigen Protokolle wird in den Kapiteln 4.2 - 4.6 näher eingegangen.

4.1.1 Netze

Bei Netzwerken handelt es sich um räumlich verteilte Rechnersysteme. Man muß zwischen GANs (Global Area Networks (globale Netze)), WANs (Wide Area Networks (Weitverkehrsnetze)) und LANs (Local Area Networks (lokale Netze)) unterscheiden. Das Internet gehört zu der Klasse der GANs. Beispiele für WANs sind das Datev-Netz und das Deutsche Forschungsnetz (DFN).

Im folgenden sollen zunächst die LANs näher betrachtet werden. Es handelt sich dabei meist um firmeninterne Verbindungen, die die Kommunikation und die gemeinsame Nutzung von Daten und Diensten gewährleisten sollen. Front-End-LANs sind Netze innerhalb einer Abteilung, die meist in sogenannten Backbone-LANs mit anderen Front-End-LANs verbunden sind.

Zur Kommunikation der verschiedenen Computer gibt es Protokolle. Es handelt sich dabei um Vereinbarungen zum Verbindungsaufbau, zur Kommunikation und zum Abbau der Verbindung.

Die Rechner werden im lokalen Netz je nach Netzwerkarchitektur im Bus, Stern oder Ring angeordnet.

In LANs gibt es verschiedene Zugangsverfahren. Beim CSMA/CD-Verfahren (Carrier Sense Multiple Access With Collision Detection) darf jeder Rechner solange senden, bis ein Fehler auftritt. Beim LAN-Standard IEEE 802.3 bzw. ISO 8802-2 handelt es sich um ein CSMA/CD-Bussystem. Die Standardisierung erfolgte 1978 und ging aus dem Ethernet-Standard, der von den Firmen Xeroc, DEC und Intel entwickelt wurde, hervor. Da der Einsatz von Ethernet relativ kostengünstig ist, ist die Verbreitung sehr groß. Die Übertragungsrate bei Ethernet beträgt 10 Mbits/s. Zur Vernetzung werden Koaxialkabel eingesetzt; am Ende jedes Kabels wird ein Widerstand zur Verhinderung von Reflexionen verwendet. Um einen zusätzlichen Rechner ans LAN anzuschließen, wird ein T-Stück benötigt. Sämtliche angeschlossene Transceiver „hören" alle Übertragungspakete im Netz, der Rechner ermittelt durch seinen Host Interface die für ihn relevanten Daten. Die Adressierung der Rechner erfolgt durch eine 48 Bit Integer. Es existieren verschiedene Adreßtypen, die eine Übermittlung von Daten an eine physikalische Adresse einer Schnittstelle oder aber an mehrere bzw. alle Adressen erlauben.

Beim sogenannten Token-Verfahren darf jeder Rechner im LAN senden, der das im Netz kursierende Token-Bitmuster hat. Am Ende der gesendeten Bits wird das Token angehängt. Es handelt sich also um streng reglementiertes Verfahren. Es existiert ein standardisierter Token-Ring mit Token-Zugangsverfahren (IEEE 802.5, ISO 8802-5).

4.1.2 Internet-Architektur

Im Prinzip beruht das Internet auf einer Client-Server-Kommunikation. Die Clients sind die „Kunden", also Arbeitsplatzrechner auf denen Internet-Programme ausgeführt werden. Die sogenannten Browser sind die vom Client verwendete Software, um das Internet zu nutzen. Die Anbieter bzw. Lieferanten heißen Server und benötigen die Server-Software. Zwischen beiden liegt das Internet.

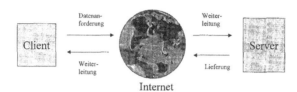

Abbildung 5: Internet Client-Server-Modell [Mocker97]

Das Internet ist eine Vernetzung von vielen vernetzten Netzen, die aus physikalischen Netzen bestehen. Bei der Koppelung von identischen Netzen müssen sogenannten Repeater (Verstärker) verwendet werden. Bridges kommen bei der Verbindung von Netzen mit unterschiedlichen Übertragungsmedien, aber gleichem Schichtaufbau zum Einsatz.

Die Kommunikation muß zwischen verschiedenen physikalischen Netzen (z. B. Token-Ring und Ethernet) gewährleistet sein. Ein Problem liegt in diesem Fall darin, daß bei einem Token-Ring die Adressierung mit 8 Bits und im Ethernet mit 48 Bits erfolgt (siehe Abbildung 6). Eine weitere Schwierigkeit liegt in der Verwendung unterschiedlicher Betriebssysteme.

Gelöst werden diese Probleme durch eine homogene Software auf dem Application Level und durch eine Kaschierung von Einzelheiten der verschiedenen Betriebssysteme. Um Datenpakete von einem Netz zum anderen im Internet zu übermitteln, werden sogenannte Gateways oder Router eingesetzt. Diese arbeiten auf der Vermittlungsschicht. Dem Gateway-Rechner müssen im Prinzip alle Netze bekannt sein, hingegen ist es nicht notwendig, daß er alle erreichbaren Rechner im Internet kennt.

Adressierung im Internet

Jeder Rechner im Internet erhält zur Identifikation eine eindeutige Adresse. Diese Adresse ist eine Integer, die durch 4 Bytes (= 32 Bits) dargestellt wird. Zur Vereinfachung der Internetadressen werden vier dreistellige dezimale Zifferngruppen gebildet, die jeweils von einem Byte repräsentiert werden und somit den maximalen Wert 255 erreichen. Man unterscheidet die Adressentypenklassen A, B und C (siehe

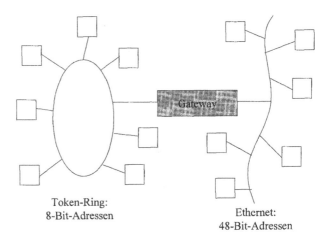

Token-Ring:
8-Bit-Adressen

Ethernet:
48-Bit-Adressen

Abbildung 6: Netzwerk-Kommunikation [Schweiggert98]

Abbildung 7). Bei der Klasse A werden für die Net-ID (bezeichnet das Netzwerk) lediglich 8 Bits verwendet, für die Host-ID (bezeichnet den Rechner) werden die restlichen 24 Bits reserviert. Falls die Rechnerzahl in einem Netz größer ist als 2^{16}, kommt eine Adresse vom Typ A zum Einsatz, jedoch gibt es wenig Netze mit derart vielen Rechnern. Der Adressentyp B ist für mehr Netze mit weniger Rechnern bestimmt. Für sehr viele Netze mit weniger als 256 Hosts werden die C-Klassen-Adressen benötigt.

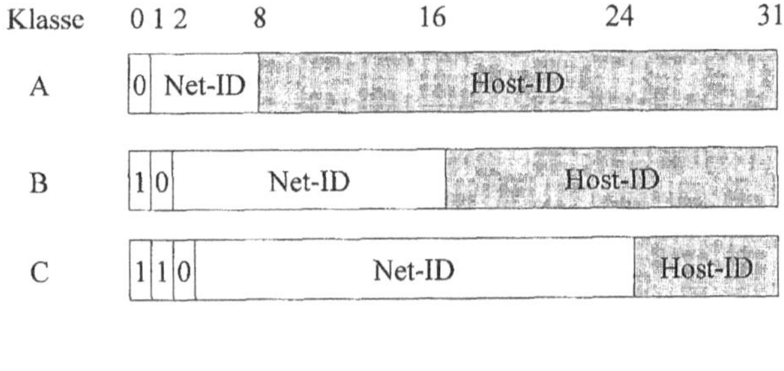

Klasse	0 1 2	8	16	24	31
A	0 Net-ID		Host-ID		
B	1 0	Net-ID		Host-ID	
C	1 1 0		Net-ID		Host-ID

Abbildung 7: Adressierungsklassen im Internet

Da Wörter eingängiger als Zahlen sind, können die Internetadressen auch in Form von Namen dargestellt werden. Hierfür stehen sogenannte Domain-Name-Server (DNS-

Server) zur Verfügung, die jedem zulässigem Domain-Namen die entsprechende numerische Adresse zuordnen. Für die Vergabe und Verwaltung der Netzwerkadressen in Deutschland ist das DE-NIC (Deutsches Network Information Center), welches an der Universität Karlsruhe angesiedelt ist, zuständig. Die Verantwortung für die Host-IDs übernehmen die jeweiligen Organisatoren der Netze. Die Domains können über die URL (Uniform Resource Locator), die mit einer Postadresse vergleichbar ist, erreicht werden. Sie haben generell folgende Syntax:

```
Protokoll:[//[[hostname.[...]]domain.top-level-domain
          [:port][/path][/filename]][newsgroup][email address]
```

Zum Beispiel:

```
http://www.mathematik.uni-ulm.de/sai/
http://www.ssb-ag.de/
```

Eine E-Mail-Adresse kann die folgende Form haben:

```
username@hostname.domain.top-level-domain
```

Ist die Internetadresse bekannt, muß die zugehörige physikalische Adresse gefunden werden. Dies geschieht mit einer einfachen Software. Problematisch ist eine Zuordnung bei der Verwendung eines Ethernets. Die Internet-Host-ID hat eine Größe zwischen 8 und 24 Bits, während die physikalische Adresse mit 48 Bits dargestellt wird. Gelöst wird dieses Problem durch sogenanntes Broadcasting. Die Daten werden dabei an alle im Ethernet verbundenen Rechner geschickt. Jeder Computer „kennt" seine eigene Internetadresse und kann somit die für ihn bestimmten Informationen erkennen. Der empfangende Rechner sendet an den Absender seine physikalische Adresse zusammen mit der Internetadresse zurück. Dem Absender steht dann beim erneuten Senden an den gleichen Rechner durch das Address Resolution Protocol bereits die komplette Adresse zur Verfügung und ein weiteres Broadcasting - das sehr teuer ist - kann dadurch eingespart werden.

4.1.3 Protokolle im Internet

Ein Protokoll ist ein Regelwerk, das festlegt, wie Daten übertragen werden.

TCP/IP (Transmission Control Protocol/Internet Protocol)

Die Voraussetzung zur Entstehung des Internets war die Standardisierung eines Kommunikationsprotokolls. Der Internet-Protokollstandard ist das TCP/IP (Transmission Control Protocol/Internet Protocol).
Die Router arbeiten mit dem IP, um den richtigen Empfänger mit der entsprechenden Internetadresse zu finden. Die Daten werden in kleine Pakete aufgeteilt, wobei jedes die Quell- und Zieladresse enthält. Das IP garantiert nicht die Auslieferung, jedoch wird durch das IP festgelegt, wann Fehlermeldungen erzeugt werden. Die Reihenfolge der Übermittlung der Teile wird durch das IP nicht berücksichtigt. Das TCP ergänzt das IP und regelt die Kontrolle. TCP arbeitet auf der Transportschicht. Auf dieser Schicht

werden die Datenpakete wieder in die richtige Ordnung gebracht, da diese eventuell über andere Wege den Empfänger erreicht haben und somit durch unterschiedliche Transportzeiten die Abfolge der Pakete nicht mehr der ursprünglichen entspricht. Weitere Aufgaben der Transportschicht sind [Schweiggert98]:

- Regulieren des Informationsflusses
- Bereitstellen eines zuverlässigen Transports
- Warten auf Empfangsbestätigung des Empfängers
- Erneutes Senden verlorengegangener Pakete
- Übergeben jedes Paketes mit Zieladresse für die nächste Schicht

0	4	8	16	19	24	31
VERSION	H. LENGHT	SERVICE TYPE		TOTAL LENGTH		
IDENTIFICATION			FLAGS	FRAGMENT OFFSET		
TIME TO LIVE (TTL)		PROTOCOL	HEADER CHECKSUM			
SOURCE IP ADDRESS						
DESTINATION IP ADDRESS						
IP OTIONS (If Any)					PADDING	
DATA ...						

Abbildung 8: Internet Datagramm [Comer95]

In Abbildung 8 wird das Format eines Internet Datagramms, der Basisübertragungseinheit des TCP/IP Internets dargestellt. Die Felder im einzelnen:

- Version: IP Software Version
- H. Lenght: Header Lenght
- Service Type: Details über die weitere Behandlung des Datenpakets
- Total Lenght: Angabe in Bytes
- Flags: Spezielle Kennzeichnung von Datenpaketen, insbesondere wichtig bei einer Fragmentierung: Beim letzten Fragment wird das Bit „0" gesetzt.
- Fragment Offset: Angabe in Einheiten von 8 Bytes
- Time To Live: Zeit, die das Datenpaket im Internet unterwegs sein darf: Nach dem Ablauf dieser Frist erfolgt eine Löschung und gleichzeitig eine entsprechende Fehlermeldung an den Absender.
- Protocol: Protokollspezifizierung für den Datenbereich
- Header Checksum: Kontrollzahl
- IP Options: Dieses Feld kann für Testzwecke und Debugging verwendet werden, beispielsweise zur Aufzeichnung der Route.
- Padding: Anzahl der Wörter der IP Options

ICMP (Internet Control Message Protocol)

Gateways arbeiten in einem verbindungslosen System autonom. Eine direkte Kommunikation mit dem Absender und Empfänger kann in diesem Fall nicht stattfinden. Auftretende Fehler bewirken eine Fehlermeldung, die im Datenteil über das Netzwerk verschickt werden. ICMP ermöglicht Gateways das Versenden von Fehler- oder Kontrollnachrichten an andere Gateways oder Hosts. Die Kommunikation zwischen der IP-Software eines Rechners und der IP-Software eines anderen wird durch ICMP ermöglicht. ICMP ist ein notwendiger Teil der IP-Software.

UDP (User Datagram Protocol)

UDP ist ein Transportprotokoll, das wie das TCP auf der Transportschicht arbeitet. Zur Adressierung der Hosts wird das IP verwendet. Ziel einer Nachricht ist jedoch ein bestimmter Dienst innerhalb des Rechners. Dieser Dienst soll unabhängig vom realisierenden Prozeß kontaktiert werden. Jeder Rechner hat viele Protokoll-Ports. Prozesse können mit Hilfe des Betriebssystems bestimmte Ports spezifizieren und benutzen. Um die richtige Applikation im Rechner zu erreichen, ist in der UDP- Nachricht der Zielport enthalten. Der Port der Quelle kann ebenfalls enthalten sein, was beispielsweise für Antworten sinnvoll ist.

Bei der Verwendung von UDP müssen die Applikationen selbst die richtige Übertragung gewährleisten, da UDP die Datenpakete nicht ordnet. Dadurch, daß es bei der Verwendung von UDP keine Empfangsbestätigungen oder Rückmeldungen gibt, können Nachrichten verloren gehen oder dupliziert werden.

4.2 Electronic Mail (E-Mail)

E-Mail ist die elektronische Post im Internet. Hinsichtlich des übertragenen Datenvolumens wie der Anzahl der Aufrufe bildet diese Anwendung die wichtigste im Internet [Boni95]. Die Vorteile gegenüber der „gelben Post" liegen in der Geschwindigkeit und den Kosten. Man kann bei einer E-Mail davon ausgehen, daß - wie beim Telefax - die Zustellung im Augenblick der Absendung erfolgt, jedoch können eventuelle Leitungsengpässe zu einer Verzögerung führen. Grundsätzlich ist die Nutzung des Internets kostenlos. Ein weiterer Vorzug liegt in der Möglichkeit der elektronischen Weiterverarbeitung der empfangenen Sendungen, was der entscheidende Vorteil gegenüber dem Fax ist. Die Nachricht kann einem weiten Personenkreis ohne Aufwand zugänglich gemacht werden: „Forwarding" bezeichnet ein Weiterleiten der Nachricht, und es besteht die Möglichkeit, Kopien an verschiedene Empfänger zu verteilen (Mailinglisten). Werden häufig Personengruppen mit den gleichen Informationen versorgt lohnt sich die Erstellung einer elektronischen Verteilerliste. Auch kann die E-Mail in die Antwort miteinbezogen werden. Beliebige binäre Dateien kann man als Attachements (Anlagen) verschicken. Dies ist wesentlich komfortabler als ein Austausch von Dateien über Disketten. Der Text selbst bleibt meist auf die ASCII- Zeichen beschränkt, auch um einen internationalen Einsatz zu gewährleisten.

E-Mails werden von Computer zu Computer im Internet übermittelt. Dadurch können Personen, die Zugang zu solchen Rechner in der Transportkette haben, E-Mails lesen oder auch Manipulationen durchführen.

Abhilfe bringen Verschlüsselungsverfahren. Das PGP (Pretty Good Privacy) ist ein einfaches mathematisches Verfahren zur Datenverschlüsselung, welches jedoch eine hohe Sicherheit bringt. Es kann als das Internetstandardverfahren bezeichnet werden:

Jeder Nachrichtenempfänger veröffentlicht hierbei einen Public-Key. Der Sender verschlüsselt seine E-Mail mit diesem und sendet sie nun ab. Nach dem Empfang kann die Nachricht mit dem geheimen Privat-Key - also nur vom berechtigten Inhaber - wieder lesbar gemacht werden.

4.3 World Wide Web (WWW)

„Das World Wide Web (auch kurz: WWW) leistete einen großen Beitrag zur Akzeptanz des Internets. Das WWW ist im Grunde eine Anhäufung elektronisch direkt über URL (Adresse im WWW) erreichbarer Dateien (Seiten), die in einer bestimmten Programmiersprache (HTML) geschrieben sind." [Mocker97] Durch HTML (Hypertext Markup Language) eröffnen sich eine Vielzahl von Gestaltungsmöglichkeiten: Es können Bilder, Grafiken und Tabellen in den Text miteingebunden werden. Ein wesentlicher Vorteil bei der Recherche sind die sogenannten Links. Ein Link ist ein Verweis auf eine andere URL im WWW, die nicht umständlich neu gesucht werden muß, sondern durch einfaches Anklicken dieses Links mit der Maus am Bildschirm erscheint. Es besteht auch die Möglichkeit über solche Verweise z. B. E-Mails zu verschicken.

Eine ausschließlich mit HTML erstellte Seite liefert eine starre Anzeige. Um nun die Seiten dynamisch zu gestalten, d. h. z. B. eine Datenbank anzubinden, braucht man weitere Hilfsmittel. CGI (Common Gateway Interface) ist ein dafür geeigneter Standard. Dabei wird der Informationsserver mit einer externen Anwendung verbunden, es handelt sich also um eine Schnittstelle. Die Programme können in einer beliebigen Programmiersprache geschrieben werden. Häufig taucht in diesem Zusammenhang C++ und das verwandte Java in der Fachliteratur auf. Das JavaScript ist, wie der Name schon sagt, eine Skriptsprache ähnlich der Programmiersprache Java. Diese kann direkt in HTML eingebunden werden und erweitert die vorhanden Gestaltungsmöglichkeiten.

HTTP (Hypertext Transfer Protocol) ist das Protokoll, das für die Kommunikation zwischen Client und Server im WWW verantwortlich ist. Für die Nutzung des WWWs benötigt man einen Browser. Der am häufigsten verwendete Browser ist der Netscape Navigator, aber Microsoft gewinnt mit seinem Internet Explorer Marktanteile. Eine Möglichkeit, die Vertraulichkeit der in WWW-Masken eingegebenen Daten zu gewährleisten, bringt das Protokoll HTTPS (HTTP mit dem Secure Socket Layer (SSL) erweitert).

4.3.1 Suchmöglichkeiten im Internet

Im Internet werden unzählige Seiten dezentral angeboten. Falls einem die URL bekannt ist, unter der die gewünschten Informationen zu bekommen sind, hat man keine Schwierigkeiten, diese auch abzurufen.

Meistens möchte man aber zu einem bestimmten Themengebiet im Internet recherchieren. Dann wird es schon schwieriger. Es besteht keine Möglichkeit, einfach einen Suchbegriff in seiner Browser-Maske einzugeben. „Hangelt" man sich von einem gefunden Anhaltspunkt von einer Seite zur nächsten via Links weiter, verliert man meist das eigentliche Ziel aus den Augen.

Abhilfe bringen hier die Suchmaschinen im Internet. Die Nutzung dieser ist kostenfrei, da diese Maschinen häufig zu Werbezwecken eingesetzt werden. Es stehen verschiedene dieser Rechner mit unterschiedlicher Qualität zur Auswahl. Mit Hilfe dieser Suchmaschinen ist es nun möglich, sich zu einem Schlagwort alle relevanten Internetseiten anzeigen zu lassen.

Folgende zwei Suchmaschinen im Internet sind sehr leistungsfähig und zählen zu den bekanntesten im Netz:

- AltaVista, Adresse: http://www.altavista.digital.com/
- Yahoo, Adresse: http://www.yahoo.com/

4.4 File Transfer (FTP)

FTP ist das Protokoll zur Dateiübermittlung. Es besteht die Option, über einen Browser Dateien von einem FTP-Server zu holen. Dies ist vergleichbar mit dem Laden einer Seite im WWW, die durch den Client abgerufen werden kann. Bei FTP kann nun keine Seite, sondern eine Datei abgerufen und auf die eigene Festplatte geladen werden. Dieser Dienst heißt ebenfalls FTP und wird meist zur Distribution von freier Software genutzt.

4.5 News

Newsgroups sind vergleichbar mit Schwarzen Brettern zu bestimmten Themen. Jeder, der die Newsgroup besucht, kann eine Nachricht anheften, die anderen Nachrichten lesen oder andere beantworten bzw. Kommentare zu diesen anbringen. Es handelt sich um dezentrale Diskussionsforen für die unterschiedlichsten Interessengebiete [Boni96]. Hierfür existieren News-Server; aufgerufen werden können diese wieder mit einem WWW-Browser, indem man in der URL mit „news:" beginnt. Der Name der Newsgroup steht immer im Zusammenhang mit dem Diskussionsthema, dadurch wird es dem Internetnutzer erleichtert, die für ihn relevanten Foren zu finden und so Menschen, die sich mit gleichen Themen auseinandersetzen, zu kontaktieren.

4.6 Sonstige Dienste

Das Internet bietet noch eine Vielzahl von Nutzungsmöglichkeiten, die im Rahmen dieser Diplomarbeit nicht alle beleuchtet werden. Die wichtigsten Dienste finden sich in den vorangegangenen Kapiteln. In diesem Kapitel sollen kurz einige weitere Anwendungen erläutert werden.

Telnet

Mit Telnet kann man sich an anderen Rechner anmelden und auf diesen arbeiten. Der eigene PC oder die verwendete Workstation fungiert nur als Terminal.

Internet Relay Chat (IRC)

IRC ist eine Online-Diskussionsrunde. Es gibt verschiedene Themengebiete, die jeweils mehrere Personen über das Internet mittels Tastatur diskutieren können.

Phone

Diese Anwendung ist vergleichbar mit dem herkömmlichen Telefon. Man muß nun unterscheiden:
Bei Phone muß die „Unterhaltung" über die Tastatur geführt werden. Ein User an einem bestimmten Rechner kann „angerufen" werden, dieser erhält dann, während er am Rechner arbeitet eine Meldung, daß ihn jemand kontaktieren möchte, worauf er antworten kann. Das herkömmliche Telefon wird aber i. a. die einfachere Alternative sein, da man sich hierbei die Umsetzung der Gedanken in Buchstaben ersparen kann.
Beim Internetphone kann über das Internet telefoniert werden. Die Qualität der Leitung kann aber sehr schwanken, außerdem muß ein geeigneter Server gefunden werden, der durch seine eventuell große Entfernung die Verbindung noch zusätzlich verschlechtern kann. Manche Firmen nutzen für Auslandsgespräche bereits das Internet, um Kosten zu sparen.

Kapitel 5   Wie kann die Internettechnologie für die Einkaufsfunktion genutzt werden?

Durch die stetig komplexer und umfangreicher werdenden Aufgaben im Bereich der Materialwirtschaft benötigen die Einkäufer neben der betriebswirtschaftlichen Software für die interne Abwicklung des Einkaufs weitere Hilfe für die Abwicklung der externen Funktionen.

Der Einsatz des Internets im Unternehmen soll eine Erhöhung des Arbeits- und Kommunikationstempos, sowie flache Hierarchien unterstützen.

5.1 Kurzbeispiel Firma Quelle Versand

Als Einstieg in die kommerzielle Nutzung des Internets werden die WWW-Seiten der Firma Quelle beleuchtet. Angesprochen werden auf diesen Seiten ausschließlich die Endverbraucher, es handelt sich also um den Bereich Business-to-Consumer. Die Homepage der Firma Quelle ist über die Adresse: http://www.quelle.de/ erreichbar. Auf dieser Startseite werden verschiedene Links angeboten. Die Seite ist graphisch nicht übertrieben, aber ansprechend gestaltet. Das geteilte Fenster zu Beginn enthält auf der linken Seite Bilder. Hier werden Links zu verschiedenen Teilsegmenten des Warenangebots bereitgestellt. Die Bereiche Sondershops, Suchen und Finden, Direktbestellung, unsere Kataloge, Kundeninformation, unser Service, das Unternehmen, Quelle international und Presseinformationen befinden sich im rechten Fenster, das etwa doppelt so groß ist, wie das linke.

Hier wird Information mit der Möglichkeit zur Aktion geboten. Der Kunde kann sich nur informieren oder aber gleich Bestellungen durchführen. Die Firma Quelle bietet bereits sehr hohen Komfort. Bei der Durchsicht des bebilderten Katalogs können Produkte angeklickt und dadurch automatisch auf einen elektronischen Merkzettel geschrieben werden. Kunden die den Katalog bereits zu Hause haben, können aber diesen Weg umgehen und in ein Online-Bestellformular direkt die gewünschten Artikel eintragen (siehe Abbildung 9).

Dieses Formular unterscheidet sich optisch wenig von dem Papiervordruck.

Ein wesentlicher Vorteil liegt jedoch in der sich direkt an die Ausfüllung anschließende Datenbankabfrage. Es werden die aktuellen Preise automatisch eingetragen, die Summe gebildet und eventuelle Falscheingaben bei der Bestellnummer sofort erkannt. Ist der Artikel lieferbar, wird dies sofort angezeigt.

Namen und Adresse werden in das oben abgebildete Formular nach dem Nachuntenscrollen eingetragen. Ebenfalls muß die gewünschte Zahlungsart markiert werden, folgende Alternativen bieten sich: Per Nachname, Rechnung oder Abbuchung (herkömmliche Verfahren).

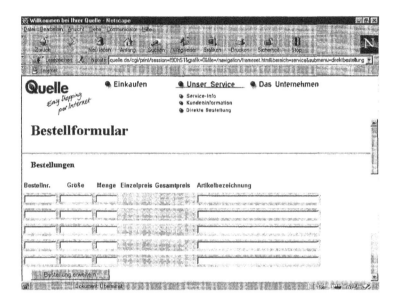

Abbildung 9: Online-Bestellformular Firma Quelle

Bestellungen mit falscher Adresse werden erkannt und kommen gar nicht zur Auslieferung. Die Falsch- und Jokebestellungen im Internet sind bei der Firma Quelle zu vernachlässigen, da es nicht mehr als auf den anderen Bestellwegen (Telefon und schriftlich) sind. Bei vorhandener Kundennummer wird die Bestellung im Rahmen von Toleranzgrenzen (mengen- und wertmäßig) akzeptiert. Durch das Rückgaberecht des Kunden entsteht kein Risiko.

Über dieses Medium kann auch der gedruckte Katalog nach Hause geordert werden. Sonstige Anfragen werden per E-Mail gestellt und auf dem gleichen Weg beantwortet. Bei einem Test wurde die Antwort am selben Tag geliefert, die Bestellfunktion war zu manchen Tageszeiten - wahrscheinlich aufgrund von Leitungs- und/oder Rechner-kapazitätsengpässen - nicht nutzbar.

5.2 Externe Informationen

Lieferantenauswahl/Beschaffungsmarktanalysen

Der Einkäufer kann mit Hilfe des Internets seine Lieferantenauswahl verbessern. Um Anbieter eines bestimmten Produkts zu suchen, bieten sich z. B. Suchmaschinen (vgl. Kapitel 4.3.1) und die WWW-Seite „Wer liefert was?", die unter der Adresse http://www.wer-liefert-was.de/ zu finden ist, an. Stehen mehrere Anbieter zur Auswahl, empfiehlt sich der Besuch der Homepage des Lieferanten. Oft können hier detaillierte Produktinformationen abgefragt werden. Die geltenden Listenpreise sind häufig vergleichbar und dadurch erreicht der Einkäufer eine höhere Preistransparenz. Die möglichen Bezugsquellen können eingeschränkt werden.
Die Anbieteridentifikation erfolgt schnell über das meist im WWW vorhandene Unternehmensprofil.
Weitere Analysen des Marktes gelingen durch Recherche in

* Online-Datenbanken, z. B. „Wer liefert was?"
* Verbänden im WWW, z. B. ELPRO (vgl. Kapitel 5.3), IndustryNet (vgl. Kapitel 5.6.1)
* Newsgroups (vgl. Kapitel 4.5)

Bildung von Einkaufszusammenschlüssen

Die Internettechnologie kann durch die rasche Kommunikation, den weltweiten Datenaustausch und durch die große Transparenz der angeforderten Güter Zusammenschlüsse im Bereich des Einkaufs begünstigen. Erreicht werden durch große Mengenabnahmen niedrigere Preise. Bisher sind solche Vorhaben schwer zu realisieren, da die Suche nach geeigneten Partnern schwer fällt und die Durchführung mit großem Verwaltungsaufwand verbunden ist. Wichtig für Einkaufszusammenschlüsse ist eine einheitliche Schnittstelle (vergleiche Kapitel 5.5).

5.3 Online-Ausschreibungen, Anfragen, Angebote

Online-Ausschreibungen

Die Ausschreibungen erscheinen bisher in Printmedien. Damit ist ein erheblicher Aufwand verbunden. Das ausschreibende Unternehmen verschickt die Unterlagen per Fax oder Post an die entsprechenden Redaktionen. Dort müssen diese dann vor der Veröffentlichung durch mehrere Mitarbeiter weiterbearbeitet werden. Für anbietende Unternehmen ist die Suche nach Aufträgen schwierig, da sie die umfangreichen Mitteilungsorgane bestellen und durchsehen müssen. Kleinen Unternehmen fehlt für solch zeitraubende Arbeiten das Personal. Bei EU-weiten Ausschreibungen können mittelständische Unternehmen deswegen meist auch keine Angebote machen. Handwerkskammern leisten zwar Unterstützung, jedoch nicht in dem notwendigen Umfang. Entscheidend ist auch der Zeitaspekt: Zwischen der Fertigstellung der Ausschreibung und eingehenden Angeboten vergehen meist Wochen.

Die Internettechnologie eröffnet für dieses Problem kostengünstige und schnelle Lösungen. Das ausschreibende Unternehmen könnte beispielsweise einen eigenen Server betreiben und auf ihm die Ausschreibungen publizieren. Dies ist jedoch für die Verkäufer sehr unkomfortabel, da sie nun wieder eine Vielzahl von WWW-Seiten „besuchen" müßten, was auch mit einem erheblichen Personaleinsatz verbunden ist. Sinnvoll erscheint die Beteiligung an einem öffentlichen Ausschreibungssystem. Die Kosten bleiben für die Nutzer gering. Die suchenden Firmen könnten ihre Ausschreibungen selbst gestalten und dann über einen Zugangscode in das System einstellen. So werden mehr anbietende Firmen erreicht und somit der Wettbewerb vergrößert. Für die Anbieter wird die Suche in diesem zentralen Server erleichtert. Unterstützende Funktionen sind in diesem System relativ einfach zu implementieren. Hilfreich wäre eine Sortierung nach Branchen und Orten der Auftragsausführung. Eine Stichwortsuche kann eine weitere Hilfe bieten. Für kleine Betriebe ist eine automatische Benachrichtigung sinnvoll, falls der Auftrag für sie relevant ist. Ohne eine aktive Suche würde dann z. B. eine E-Mail über die Ausschreibung informieren. Generell würde bei solch einem System die Ausschreibung in Printmedien nach einer Übergangsphase entfallen. Auch das Anfordern und verschicken der Verdingungsunterlagen könnte man sich sparen, da die kompletten Unterlagen bereits online zur Verfügung gestellt werden. Bei einer Darstellung im WWW wäre das detaillierte Pflichtenheft über einer Link erreichbar.

Das Institut Arbeitswirtschaft und Organisation am Fraunhofer Institut in Stuttgart arbeitet in dieser Richtung zur Zeit an zwei Projekten. Handwerk-Online ist ein elektronischer Markt für das Handwerk, der auch ein Ausschreibungsmodul enthält. Die Erprobung läuft mit Pilotanwendern. Hingegen ist ELPRO (Electronic Public Procurement System for Europe (http://www.elpro.net/)) ein reines Ausschreibungssystem für öffentliche Aufträge.

Das Bundesausschreibungsblatt-Online ist in Vorbereitung, eine Demoausgabe ist bereits realisiert und über http://www.bundesausschreibungsblatt.de/ abzurufen.

Anfragen

Auf der eigenen Homepage kann das einkaufende Unternehmen einen Link zur Einkaufsseite erstellen. Auf dieser wird der Bedarf publiziert. Bei dieser Art der passiven Angebotsaufforderung gilt für den Anbieter pull statt push und eine Ressourcenverschwendung durch Aufforderung von uninteressierten Anbietern entfällt. Denkbar ist hierbei ein Katalog des Abnehmers im WWW, in den die Lieferanten Artikeldaten einstellen. Bei der Einführung eines neuen Verfahrens müssen die Lieferanten mehrmals, am besten durch herkömmliche Medien, auf die Umstellung hingewiesen werden.

Denkbar ist auch ein Versand der Anfragen per E-Mail, entweder als ASCII-File oder als Anlage (Attachement) in einem beliebigen Format. Parallel zu der Veröffentlichung im WWW können automatisch E-Mails generiert werden. Diese E-Mails beinhalten dann den gesamten Ausschreibungsinhalt oder lediglich einen Verweis auf die Publikation im Internet. Einsparpotentiale entstehen hier durch die kostenlose Nutzung des Internets, da bisher die Anfragen z. B. per Fax versandt werden und somit insbesondere bei umfangreichen Anfragen Kosten für die Übertragung entstehen.

Angebote

Eine Schnittstelle zum Legacy System der Unternehmen sei vorhanden.
Angebote können dann mit Hilfe des Internets durch den Lieferanten schneller erstellt werden, da bei ihm keine Medienbrüche entstehen. Angefragte Güter recherchiert der Verkäufer, ohne erneute Eingabe, sofort im eigenen EDV-System. Die Fehler, die durch falsche Übertragungen entstehen, können ausgeschlossen werden. Ist die Ausschreibung bzw. Anfrage bereits auf elektronischem Wege erfolgt, muß zum Versand der Angebote die Adresse nicht neu geschrieben werden bzw. die Faxnummer nicht eingegeben werden, ein einfacher Mausklick auf den Replybutton genügt.
Die Angebot-E-Mails, die beim Einkäufer eingehen, müssen nicht neu erfaßt werden, sondern können direkt in die betriebswirtschaftliche Standardsoftware übernommen werden. Die vom Anbieter ins WWW eingestellten Angebotsdaten werden automatisch ins betriebsinterne System übernommen. Es wird dadurch eine Zeiteinsparung, sowie eine Ausschaltung von Fehlerquellen erreicht. Die Einsparung von Papier ist ein Nebeneffekt, wobei ein elektronisches Archiv (vergleiche Kapitel 6 „Dokumenten-Management") die Mitarbeiter bei Ablagevorgängen entlastet.
Das Internet und die Nutzung von E-Mails bringt auch Vorteile, falls keine Anbindung an das interne betriebswirtschaftliche Softwarepaket vorhanden ist. Im bisherigen Prozeß müssen die Angebote abgetippt werden (meist vom eingehenden Fax), während E-Mails per Mausklick übertragen werden können. Ist ein elektronisches Archiv vorhanden, besteht die Möglichkeit der schnellen Ablage, und abgelegte Angebote können jederzeit von jedem Mitarbeiter an einer beliebigen Stelle im Unternehmen schnell eingesehen werden.

5.4 Bestellprozeß

Für den Bestellprozeß muß man die Nutzung zweier Internetbasisdienste in Betracht ziehen. Zum einen ist das das World Wide Web und zum anderen die E-Mail. Erreicht werden soll eine effizientere Abwicklung.
Bei Verwendung des WWW fällt einem das Beispiel der Firma Quelle am Anfang des Kapitels ein. Es handelt sich um eine Business-to-Consumer Lösung. Die Business-to-Business Anwendungen unterscheiden sich tatsächlich vom äußeren Erscheinungsbild nicht vom o. g. Beispiel. Denkbar ist auch eine Bestellung der Stuttgarter Straßenbahnen AG beim Quelle-Online-Shop. Ein Problem ist hierbei die fehlende Verschlüsselung der Daten bei der Bestellung. Eine Dokumentation der Bestellung für die SSB ist durch einen Ausdruck der online ausgefüllten Maske möglich. Nachträglich müßte dann die Bestellung in die betriebswirtschaftliche Software eingearbeitet werden, was unkomfortabel und zeitaufwendiger als der bisherige Weg wäre. Eine Anfrage müßte nicht durchgeführt werden, außerdem könnte die Lieferung schneller erfolgen, was vorteilhaft ist.
Wird vom verkaufenden Unternehmen für jeden Kunden ein eigener Zugang eingerichtet und im Online-Katalog die entsprechenden Preisnachlässe für den Kunden und die Mengenrabatte eingearbeitet, wird eine deutliche Zeitersparnis für den suchenden Kunden möglich.

Solche Projekte sind bereits heute realisiert. Bei Hewlett-Packard (HP) arbeitet ein System erfolgreich im Bereich Remarketing für Gebrauchtcomputer und Zubehör für Vertriebspartner. Der Umsatz liegt bei über einer Million Dollar pro Monat. Da sich die Preise in diesem Bereich sehr schnell ändern und das Angebot der Waren begrenzt ist, kann HP mit Hilfe dieses Systems schnell reagieren. Zur Sicherheit können die Daten auf Wunsch des Kunden verschlüsselt werden. Eine Anbindung an die interne Software der Kunden ist angedacht, aber noch nicht realisiert. Für den Kunden ergeben sich trotzdem durch den schnellen Zugriff auf die aktuellen Daten Zeitvorteile, aufwendige Anfragen entfallen.

Eine zusätzliche Schnittstelle z. B. zum SAP auf Kundenseite würde eine optimale Lösung ohne Zeitverluste und Übertragungsfehler bringen (vergleiche Kapitel 5.5).

Bei einer Bestellung per E-Mail ist, wie bei Anfragen, das Format entweder ASCII oder ein beliebiges Dateiformat, falls die Bestellung als Attachement versandt wird. Wird im bestellenden Unternehmen bereits eine Software zur Generierung von Bestellungen eingesetzt, ist es denkbar, mit dieser bestehenden Anwendung einen Ausdruck in eine Datei vorzunehmen und diese dann als Anlage an die E-Mail zu verschicken.

Auch zur sonstigen Kommunikation mit den Verkäufern eignet sich das Medium E-Mail, ein Versand kann rund um die Uhr erfolgen und eine schnelle Beantwortung ist möglich.

Bieten die Lieferfirmen über das WWW eine Orderstatus-Seite an, kann sich jeder Mitarbeiter, auch in der Fachabteilung, dezentral über den Stand des Auftrags und den geplanten Liefertermin informieren. Zeitraubende telefonische oder schriftliche Nachfragen, die heute zumeist über mehrere Hierarchien in beiden Unternehmen ablaufen, werden überflüssig. Die ohnehin nicht zwingend notwendige Auftragsbestätigung muß dann nicht mehr erfolgen.

Für Lagermaterialien kann der Auftraggeber seinen Lagerbestand im Internet für die entsprechenden Zulieferer veröffentlichen und die Verantwortung für die Auffüllung übertragen [Brenner98]. Um durch den Lagerbestand trotzdem möglichst wenig Kapital zu binden, müssen vorab Absprachen über die Auffüllmodi getroffen werden.

5.4.1 Unterstützung durch ein Intranet

Entsteht in einer Abteilung eines Unternehmens Bedarf, so wird in großen Unternehmen nicht diese Abteilung eine Beschaffung durchführen. Hierfür ist die Einkaufsabteilung zuständig, somit löst der Bedarf im Unternehmen einen Prozeß aus. Verschiedene Abteilungen sind vor der eigentlichen Bestellung mit der Bedarfsmeldung befaßt, hierbei handelt es sich um Kontroll-, Genehmigungs-, Ablage- und Transport-funktionen. An dieser Stelle soll eine Intranetlösung zur Unterstützung der C-Teile-Beschaffung vorgestellt werden.

Sämtlichen Mitarbeitern wird ein Zugang zum Intranet mittels eines Browsers ermöglicht. Die angebotenen Dienste werden alle auf einem zentralen Server bereitgestellt und sind als WWW-Seiten abrufbar. Entsteht in einem Bereich des Unternehmens Bedarf an C-Teilen, so kann der Mitarbeiter in dem von der Einkaufsabteilung bereitgestellten virtuellen Katalog das gesuchte Standardprodukt finden. Ähnlich wie im Kapitel 5.1 beschrieben erfolgt nun die Auswahl und anschließend sofort die Bestellung des gewünschten Artikels.

Diese Bestellungen werden automatisch zentral im Einkauf in einer Datenbank gesammelt. Täglich einmal erfolgt daraufhin die Bestellung der Artikel beim Lieferanten. Der Bestellprozeß der Einkäufer kann bei diesem System auf herkömmliche Weise oder aber mittels des neuen Mediums Internet erfolgen. Voraussetzung für die Realisation ist der Abschluß von Rahmenverträgen und die Bereitstellung eines Katalogs des Verkäufers auf einer CD-ROM. Eine Aufbereitung der Daten für das Intranet ist dann mit geringem Aufwand möglich. Zu beachten ist hierbei auch die Optimierung der internen Abläufe. Mittels einer Budgetierung entfällt der Genehmigungsprozeß. Die Kontrolle zur Einhaltung des Budgets kann monatlich mittels Ausdrucken aus den dokumentierten Bestellabläufen erfolgen. Die Verbuchung in die betriebswirtschaftliche Software erfolgt automatisch. Für Reklamationen steht im Intranet ein entsprechendes Formular zur Verfügung, das über die Einkaufsabteilung an den zuständigen Lieferanten weitergeleitet wird. Denkbar ist die Bereitstellung weiterer Angebote, wie interner Dienstleistungen oder sonstiger interner Informationen. Die Einkäufer werden durch dieses System im Bereich der Routineaufgaben stark entlastet und gewinnen dadurch für ihre Kernaufgabenbereiche mehr Zeit. Bei Rabattgewährungen durch geschickte Verhandlungen mit Verkäufern, z. B. im Bereich der A-Teile, liegt ein erhebliches Einsparpotential.

5.5 Anbindung an SAP

Die meisten Firmen haben betriebswirtschaftliche Software im Einsatz, viele Standardvorgänge sind ohne diese schwer abzuwickeln. Die Mitarbeiter werden nicht auf diese Systeme zu Gunsten des Internets verzichten wollen, deswegen wird der Nutzen des Internets in erheblichen Maße von der Anbindung an diese Softwarepakete abhängen. Bei der Integration des Internets in andere Systeme nimmt das Unterstützungspotential in der Einkaufsfunktion zu (siehe Abbildung 10).

In diesem Abschnitt wird die Verknüpfung von der häufig eingesetzten Software SAP mit Internetanwendungen beleuchtet.

Zunächst ein kurzer Exkurs zum Intranet (vergleiche Kapitel 5.4.1). Bei einer Intranetlösung ist eine Anbindung ans SAP relativ leicht lösbar. Schnittstellen müssen allerdings zum SAP-R/2 individuell realisiert werden. Da keine direkte Verbindung zu anderen Unternehmen besteht, können die Datenformate so festgelegt werden, daß möglichst wenig Aufwand entsteht. Am Frankfurter Flughafen ist ein solches System mit R/2 realisiert worden. Empfehlenswert für diese Anbindung ist die Verwendung von SAP-R/3, da hier bereits Szenarien für ein Intranet vorgesehen sind.

Als nächstes wird SAP-R/2 vorausgesetzt. Das R/2 läuft auf Großrechnern und der Zugriff erfolgt über Terminals. Für die Veröffentlichung des Bedarfs im Internet eignet sich Lotus als Bindeglied zwischen SAP und dem WWW. Zum Einsatz kommen können solche WWW-Seiten wie folgt: Einkaufsseiten, auf denen benötigtes Material aktuell publiziert wird, Ausschreibungsseiten oder Seiten, die Zulieferern mit Rahmenverträgen zur Lagerbestandsabfrage zur Verfügung gestellt werden. Füllt der Anbieter bereitgestellte Masken im WWW für Angebote aus, was für ihn mit einem gewissen Aufwand verbunden ist, kann mit Hilfe von Lotus-Notes eine Schnittstelle zum R/2 des Käufers bewerkstelligt werden. Für eingehende E-Mail-Angebote ist eine Verknüpfung nur denkbar, falls vorab für alle Lieferanten ein immer gleiches Dateiformat vereinbart worden ist. Einfacher gestaltet sich eine Lösung bei Bestellungen: Entweder wird statt dem Ausdruck auf Papier aus dem SAP in eine Datei gedruckt, die anschließend als E-Mail Attachement versandt wird oder eine E-Mail wird halbautomatisch aus einer vorbereiten Vorlage mit geeignetem SAP-Datenbankzugriff generiert, wofür sich, ähnlich wie bei der Erstellung von WWW-Seiten, Lotus-Notes eignet. Ohne Standardisierung läßt sich eine Einbindung von Online-Shops (Ausfüllen von WWW-Masken) ins SAP nur für jeden Zulieferer separat bewerkstelligen, was unrealistisch erscheint.

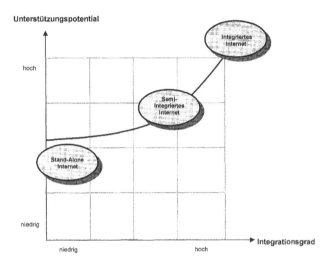

Abbildung 10: Unterstützungspotential des Internets im Einkauf [Hamm98]

Beim SAP-R/3 ist hingegen bereits die Nutzung des Internets vorgesehen. Das ganze R/3 beruht, wie das Internet, auf dem Client-Server-Prinzip. Zum Internet gibt es bereits viele geeignete BAPIs (Business Application Programming Interfaces (Schnittstellen)). Bei der Einbeziehung des Internets in die Business Solution SAP-R/3 verwendet der User nur noch einen beliebigen WWW-Browser, mit dem er auf einen WWW-Server zugreift. Dieser ist über einen Koppelprozeß mit dem R/3-Server verbunden (siehe Abbildung 11).

Verschiedene Szenarien sind mit dem R/3 lösbar. Arbeitet das einkaufende Unternehmen mit SAP-R/3 können Anfragen, Ausschreibungen und der Lagerbestand im WWW veröffentlicht werden. SAP und Microsoft arbeiteten an einem BAPI zur Vorlage beim IETF (Internet Engineering Task Force) zur Standardisierung [Emery96].

Eine Bestellung in einem Katalog im Internet kann automatisch im R/3 des Auftraggebers verbucht werden, auch wenn der Lieferant eine andere Business Application verwendet.

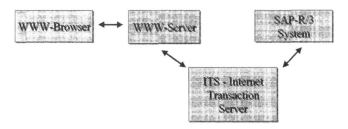

Abbildung 11: Verbindung zwischen WWW-Browser und SAP-R/3

Verwenden beide Geschäftspartner das R/3, so kann eine direkte Verbindung der beiden Unternehmen über das Internet mittels SAP realisiert werden. Bei einer Bestellung in einem virtuellen Katalog erfolgt sowohl die Buchung beim Käufer, als auch gleichzeitig die automatische Auslösung eines Kundenauftrags beim Anbieter. Die dazu notwendigen Schnittstellen sind bereits im R/3-System integriert. Sicherheit wird hierbei durch Verschlüsselung erreicht [Mocker97]. Einkaufszusammenschlüsse (siehe Kapitel 5.2) sind mit Unterstützung des R/3 und Internet bzw. Intranet durchführbar. Arbeitet ausschließlich der Verkäufer mit SAP-R/3, kann er dem Einkäufer über WWW-Seiten die Abfrage des Auftragsstatus ermöglichen.

5.6 Standardisierung

Wie im vorherigen Abschnitt gesehen ist eine Einbindung der Internetanwendungen in das interne IT-System sinnvoll. Individuell angepaßte Schnittstellen sind aufwendig und daher teuer. Eine Anpassung an Updates anderer Softwareteile erfordert eine neuerliche Einzellösung. Wünschenswert sind einheitliche Datenschnittstellen, hierfür ist ein Standardformat für Geschäftsdaten erforderlich.

In den USA findet bereits länger als in Europa der Datenaustausch zwischen Firmen statt, man spricht hier von EDI (Electronic Data Interchange). Viele Firmen haben in den USA sogenannte VANs (Value Added Networks) aufgebaut und so die jeweiligen Inhouse-Systeme miteinander verbunden [Emery96]. Der Nachteil solcher Lösungen ist die Abhängigkeit der Unternehmen voneinander. Neue Partner können nur mit hohem Aufwand in das Netz eingebunden werden, da keine einheitlichen Formate Gültigkeit besitzen. Der Vorteil des Internets liegt in den einheitlichen Protokollen (vergleiche Kapitel 4.1.3), durch die eine weltweite Kommunikation und Datenübertragung firmenunabhängig gewährleistet wird.

Es gibt jedoch noch keine genormten Dateiformate. Erste Ansätze existieren, jedoch hat sich noch kein Standard weltweit durchgesetzt. Eine Initiative ist der Standard X.12, der von ANSI (American National Standards Institute) hervorgebracht wurde. Die Vereinten Nationen (UN) unterstützen die Entwicklung des EDIFACT (Electronic Data Interchange for Administration, Commerce and Transport) Standards, der überall, außer in den Vereinigten Staaten, zum Einsatz kommt. Eine neue Initiative kam durch den Zusammenschluß von ca. 50 großen einkaufenden Organisationen, Zulieferern, Technologieherstellern und Banken: Sie prägten die Standardisierung „Open Buying on the Internet", die erste Version wurde im Mai 1997 veröffentlicht. Nähere Informationen hierzu gibt es im Internet: http://www.supplyworks.com/obi/. Die EU-Kommission COM-EDI (Commercial EDI) arbeitet an einer „standardisierten Infrastruktur auf europäischer Ebene". Aus diesen vielen Initiativen sollte eine einheitliche Definition einer Datei, die sowohl für kleinere Betriebe, als auch für Großkonzerne sinnvoll ist, entstehen.

Für manche Standards existieren bereits Programme, um diese in andere Standards zu transformieren.

Viel wichtiger ist aber eine Schnittstelle zwischen EDI-Format und der firmeneigenen Software. Bei der Verwendung von Standardsoftware und einer gültigen Norm für EDI könnten solche Umsetzungsprogramme kostengünstig beschafft werden.

5.6.1 Elektronische Marktplätze

Durch den Einsatz des Internets wird die Markttransparenz erhöht. Eine Standardisierung bringt eine effizientere Abwicklung des Einkaufsprozesses. Entschließt sich ein Unternehmen zur Teilnahme an einem elektronischen Markt, lassen sich die o. g. Effekte noch verstärken.

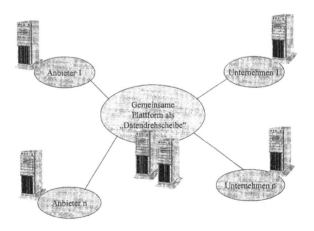

Abbildung 12: Architektur einer gemeinsamen Plattform [Renner98]

Ein Gegenstück zu den Internet-Einkaufszentren für Endverbraucher ist in den USA das IndustryNET, erreichbar über http://www.industry.net/. In Deutschland arbeitet das Fraunhofer Institut Arbeitswirtschaft und Organisation am Projekt Handwerk-Online (http://www.handwerk.iao.fhg.de/). Eine gemeinsame Plattform dient hier für das Handwerk als „Datendrehscheibe" (siehe Abbildung 12). Alle Teilnehmer liefern und beziehen Daten in einem einheitlichen Format. Denkbar sind solche Systeme auch für andere Branchen oder gar ein gemeinsamer Markt für beliebige Nachfragen und Angebote.
Nehmen alle Unternehmen an einem zentralen elektronischen Marktplatz teil, so wird eine völlige Preistransparenz erreicht.

Zum Thema „Informationstechnik im Einkauf" existiert auch bereits ein Kompetenzzentrum. Zielsetzungen sind die Implementierung von Prozessen, der Know-how-Transfer zwischen Forschung und Praxis und die Definition einer Best Practice. Über die WWW-Adresse http://www.beschaffung.de/ können weitere Informationen eingeholt werden; geplant ist die Etablierung dieses Forums als Erfahrungsaustauschbörse.

5.7 Sicherheit

In diesem Kapitel geht es um den Sicherheitsaspekt bei einer Internet-Lösung für das Unternehmen. Dargestellt werden die am häufigsten auftretenden Sicherheitsprobleme und Lösungsansätze zur Schadensvermeidung. Die zentralen Themen sind:

• Virenschutz
• Authentifizierung
• Integrität übertragener Daten

Vorab: Einen hundertprozentigen Schutz gibt es nicht. Die wichtigste Vorsorge ist die Sensibilisierung der Mitarbeiter für diese Problematik. Regelmäßige Schulungen können großen Schaden verhindern. Das Einschleppen von Viren durch Softwaredownload mittels FTP kann z. B. dadurch vermieden werden, daß nur die Personen im Unternehmen Zugang zu FTP-Programmen haben, die diese auch wirklich benötigen. Dieser Personenkreis wird auf seine Aufgaben zusätzlich vorbereitet. Um beim obigen Beispiel zu bleiben: Den Mitarbeitern wird nahegelegt, einen Download von Software nur von ihnen bekannten Servern durchzuführen. Eine genaue Definition dessen, was erlaubt und was verboten ist, muß vorab erfolgen.
Ansgar Heuser vom Bundesamt für Sicherheit in der Informationstechnik hat die Situation auf den Punkt gebracht: „Die technischen Voraussetzungen für die Fahrt mit Sicherheitsgurt auf der Datenautobahn liegen vor, es gilt ihn anzulegen." [Mocker97]

Virenschutz

Die Gefahr durch Viren besteht grundsätzlich beim Betrieb eines Computers, besonders gefährdet sind jedoch PCs, die mit dem Betriebssystem DOS bzw. Windows arbeiten. Viren können z. B. über eine Diskette eingeschleppt werden. Durch das Vernetzen der Rechner innerhalb der Firma können sich diese Viren beliebig fortpflanzen, und es sollte deshalb ausreichend durch Virenschutzprogramme vorgesorgt werden. Durch den Anschluß ans Internet erhöht sich dieses Risiko.

Authentifizierung

Dateien, die auf Firmennetzen zugänglich sind, enthalten mehr und mehr vertrauliche Informationen. Durch Zugang Fremder kann erheblicher finanzieller Schaden für das betroffene Unternehmen entstehen.

Gefahren, die bereits ohne den Anschluß ans Internet existieren, dürfen nicht vernachlässigt werden. Die Systemadministratoren müssen speziell für die Ausschaltung von Sicherheitslücken ausgebildet werden und ihnen muß für die Erfüllung sicherheitrelevanter Vorkehrungen ausreichend Zeit eingeräumt werden. In großen Unternehmen ist für die Koordination der vielfältigen Aufgaben ein eigener Sicherheitsbeauftragter sinnvoll. Geeignete Vorsichtsmaßnahmen werden teilweise in Unternehmen vernachlässigt, jedoch muß spätestens beim Anschluß ans Internet diese Vorgehensweise abgelegt werden.

Nutzeridentifikation

Jeder PC sollte ausreichend durch Paßwörter geschützt werden. Durch unbefugte Personen, die sich Zugang zu den Büros verschaffen, besteht sonst ein erhebliches Risiko. PC-Diebstähle sind ein weiteres Gefahrenpotential. Bei der Wahl von Paßwörtern für herkömmliche Anwendungen und zukünftig auch für die Internetnutzung sind folgende Punkte zu beachten:

- Wahl des Paßworts:
  Das Paßwort sollte aus mindestens acht Zeichen bestehen. Sinnvoll ist der Einbezug von Sonderzeichen und Zahlen.

- Das Paßwort darf niemals weitergeben werden:
  Müssen Daten von mehreren Mitarbeitern bearbeitet werden, darf nicht das Paßwort weitergegeben werden, sondern entsprechende Zugriffsrechte müssen eingerichtet werden. Auch um E-Mails eines bestimmten Mitarbeiters, beispielsweise als dessen Urlaubsvertretung, lesen zu können, ist eine automatische Weiterleitung der sicherste Weg. Falls ein Fremder an das Paßwort eines Mitarbeiters gelangt, ist sein ganzer Datenbestand abrufbar und kann auch gelöscht oder manipuliert werden. Noch schlimmer ist aber die Tatsache, daß mit dem Paßwort ein Zugang zum Unternehmensnetz mit dem Username des Paßwortbesitzers möglich ist. Nun können mit diesem Username auch Datenbestände des ganzen Unternehmens eingesehen oder über das Internet verbotene Seiten abgerufen werden, falls der Besitzer des Paßworts die entsprechenden Rechte besitzt. Des weiteren kann versucht werden das Paßwort des Super-Users herauszufinden, um Zugang zu allen Daten und Diensten des Unternehmens zu bekommen.

- Änderung des Paßworts:
  Wird der Benutzer in bestimmten Intervallen aufgefordert, sein Paßwort zu ändern, ist ein „Knacken" nur in einem kurzen Zeitintervall möglich, da danach bereits wieder ein neues Paßwort gilt. Der Benutzer kann jedoch dadurch, daß er sein Paßwort nur temporär ändert und anschließend wieder das vorherige Codewort eingibt, diesen Mechanismus unterlaufen. Die Gefahr bei häufigen Änderungen liegt

darin, daß entweder die Paßwörter sehr einfach gewählt oder aber aufgeschrieben werden. Wird beispielsweise monatlich eine Änderung vom System gefordert, geben manche User wieder „ihr" Paßwort ein und fügen jeweils nur den laufenden Monat in Form von Zahlen (von 01 bis 12) hinzu. Eine Verbesserung der Sicherheit wird also nicht in jedem Fall erreicht.

* Es sollten keine Begriffe, Namen oder Daten aus dem persönlichen Umfeld benutzt werden:
Es existieren sogenannte Wortlisten mit denen Paßwörter, die auf einzelnen Begriffen beruhen, leicht mit entsprechender Software herausgefunden werden können, auch dann wenn die Buchstaben in der Reihenfolge geändert worden sind. Im Internet werden Wortlisten und Software kostenlos angeboten.

* Um sich Paßwörter einfacher merken zu können, empfiehlt sich die Verwendung von Akronymen:
Ein Akronym erhält man beispielsweise aus einer Redensart. So führt
    „Es gibt nichts Gutes außer man tut es."
zu dem Paßwort „EgnGamte". Wichtig dabei ist auch die Unterscheidung von Groß- und Kleinschreibung als zusätzliche Sicherheit. Man kann jedoch auch einfach jeweils die ersten Buchstaben der ersten Wörter eines Buches, eines beliebigen Ausspruchs, usw. nehmen.

Auch durch Hardware, die in den PC eingebaut oder an den PC angeschlossen wird, kann zukünftig eine Nutzeridentifikation stattfinden: Nur eine Chipkarte erlaubt den Zugang zum Rechner.

Firewall
Falls es realisierbar ist, nur auf manchen PCs die Internetanwendungen laufen zu lassen und wenn diese nicht am internen Netz hängen, entsteht kein Risiko für das Unternehmen. Bei dieser physikalischen Trennung ist aber zu beachten, daß die Mitarbeiter ständig zwischen dem LAN-PC und dem Internet-PC wechseln müssen, was nicht sehr komfortabel ist. In den meisten Fällen wird solch eine Regelung nicht in Frage kommen, weil dabei keine Datenübernahme vom Internet ins eigene System und umgekehrt möglich ist.
Firewalls sind Systeme, die das interne Rechnernetz vor unbefugten Eingriffen von außen schützen sollen. Eine Überwachung und einen sinnvollen Schutz kann man nur mit ihrer Hilfe erreichen, da es bei einer Vielzahl von PCs unmöglich ist, jeden einzelnen zu kontrollieren. Diese zentrale „Schleuse", die jeder Datenverkehr zwischen innen und außen passieren muß, ermöglicht eine genaue Protokollierung. Ein Angriff kann somit nur an der Firewall stattfinden, an ihr können Login-Versuche festgehalten werden. Die Firewall kann nahezu beliebig konfiguriert werden: Eine Sperrung von bestimmten Diensten, die als unsicher eingestuft werden, ist möglich.
Für eine Firewall sind verschiedene Lösungen möglich, die einen unterschiedlichen Aufwand erfordern und dafür eine meist korrespondierende Sicherheit bieten.
Einfache Softwarelösungen sind sogar als Freeware zu erhalten. Für ein großes Unternehmen empfiehlt sich jedoch eine Kombination aus Gateway und Routern, um das eigene Netz zu schützen. Eine dieser Lösungen wird hier vorgestellt: Das interne System kommuniziert nur mit dem inneren Router, der mit Filtern ausgestattet ist. Dieser Router hat eine weitere Verbindung an einen Gateway Rechner, der dann mit

dem äußeren Router verbunden ist. Nur dieser äußere Router ist ans Internet angebunden. Die Funktion des äußeren Routers ist der Schutz des Gateway. Sollte ein potentieller Eindringling diese Firewall überwunden haben, kann der innere Router das interne Netz noch „verteidigen" (siehe Abbildung 13). Ein hoher Sicherheitsstandard wird mit diesem System erreicht.

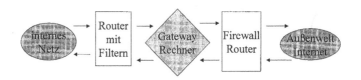

Abbildung 13: Eine ziemlich sichere Firewall

„Eine der besten Schutztaktiken besteht in der Verwendung eines externen geopferten Computers, der Nachrichten-, Newsgruppen- und WWW-Dienste verwaltet." [Emery96] Die Adresse des „geopferten" Computers wird den Außenstehenden angeboten, an ihm kann der geringste Schaden entstehen.
Der Aufwand für die Firewall sollte im richtigen Verhältnis zum möglichen Schaden stehen, der durch sie verhindert werden kann. Zu beachten ist, daß Kosten für diesen Aufwand nicht nur einmal anfallen, sondern auch Folgekosten durch Updates der Software und durch den Einsatz von Mitarbeitern in zum Teil erheblichem zeitlichem Umfang entstehen. Eine Firewall muß nach dem Kauf individuell, nach den festgelegten Maßstäben des Unternehmens, eingerichtet werden. Eine regelmäßige Prüfung der Zugriffsberichte ist beim Betrieb unerläßlich. Leichtsinnig handelt derjenige, der sich blind auf seine Firewall verläßt.

Software
Sicherheitsrelevante Probleme entstehen häufig auch durch fehlerhafte Software. Meist werden diese Bugs erkannt, und der Hersteller reagiert darauf. Es empfiehlt sich daher, Nachrichten über Sicherheitslücken genau zu beobachten. Bei der Browser-Software liegt ein erhebliches Angriffspotential: Der Netscape Navigator Version 2 und 2.01 erlaubte den Zugriff aus dem Internet auf den ausführenden Rechner, obwohl dieser durch eine Firewall geschützt war. Auf dem PC konnten von außen Befehle ausgeführt werden, wie z. B. das Löschen von Dateien.

Integrität übertragener Daten

Um die Integrität von E-Mails sicherstellen zu können, werden Verschlüsselungsverfahren eingesetzt; besonders häufig zum Einsatz kommt dabei PGP (siehe Kapitel 4.2). Bei der Eingabe von Daten in WWW-Masken kann nach dem lokalen Ausfüllen eine Verschlüsselung - ähnlich wie bei E-Mails - vor dem Abschicken zum Empfänger erfolgen. Die Übertragung ist auf diese Weise sicher und Manipulationen ausgeschlossen. Ein Standardverfahren ist das Protokoll HTTPS (Kapitel 4.3).

Kapitel 6   Dokumenten-Management

In diesem Kapitel wird zunächst der Einsatz von Dokumenten-Management motiviert. Es folgt eine Erklärung von Dokumenten-Management-Systemen und ihrer Funktionsweise. Anschließend werden Vor- und Nachteile beleuchtet.

Im heutigen Büro findet man eine Vielzahl von komplexen Arbeitsabläufen. Die Verwendung von PCs zur Unterstützung ist nahezu selbstverständlich geworden. Die meisten größerer Betriebe besitzen bereits auch eine Vernetzung intern, in einem sogenannten LAN. Diese Verbindungen kommen teilweise bereits sinnvoll zum Einsatz, jedoch liegen viele unternehmenswichtige Dateien lokal isoliert und somit für die meisten Mitarbeiter unerreichbar. Negativ wirken sich auch inkompatible Systeme und die damit komplexen Übertragungen aus. Eine Vielzahl von Abläufen innerhalb des Unternehmens werden über ausgedruckte Papiere abgewickelt. Dies erfordert nicht nur umfangreiche Transport-, Ablage- und Kopiervorgänge, sondern bei einer Weiterbearbeitung müssen Daten auch häufig erneut in den Computer eingegeben werden. Sind mehrere Abteilungen von einem Vorgang betroffen, erhöht sich der Aufwand erheblich und Mehrfachablagen werden notwendig. Auch zum Wiederauffinden abgelegter Dokumente muß ein erheblicher Aufwand betrieben werden. Sind Akten in einer zentralen Registratur hinterlegt, erfordert die Wiedervorlage zusätzlich einen Transportweg. Oft haben die Vorgänge dadurch lange Durchlaufzeiten.

Kampffmeyer stellt folgendes fest [Kampffmeyer97]:

- Unternehmen geben im allgemeinen etwa 10 bis 15 % der Einnahmen für Erstellung, Verwaltung und Verteilung von Dokumenten aus.
- Die Arbeit mit Dokumenten nimmt 60 % der Arbeitszeit in Anspruch.
- 75 bis 80 % der Geschäftsdokumente existieren in Papierform.
- Ein Dokument wird im Durchschnitt fünfmal kopiert.
- Durchschnittlich wird etwa 50 bis 80 % der Arbeitszeit damit verbracht, nach Informationen zu suchen.

Abbildung 14 zeigt, daß auf die eigentliche Bearbeitung eines Vorgangs nur ein sehr geringer Arbeitszeitanteil entfällt.

Um effektive und effiziente Büroarbeit zu erreichen ist daher in zunehmendem Maße ein unternehmensspezifisches, geschäftsprozeßorientiertes Technologiemanagement sowie ein effektives Informationsmanagement notwendig [Bullinger98]. Da die Durchdringungsrate der Büros mit modernster EDV zunimmt bietet sich der Einsatz eines computergestützten Dokumenten-Management-Systems an.

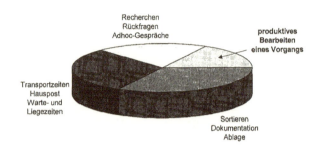

Abbildung 14: Typische Zeitstruktur von Bürotätigkeiten [Kampffmeyer97]

Dokumenten-Management besitzt in der Literatur und bei den Anbietern verschiedene Interpretationen. Abhängig ist der Begriff auch von der Definition eines Dokuments. Ein Dokument ist im Angelsächsischen eine Textdatei. Im Deutschen ist ein Dokument ein Stück Papier, wobei hier meist eine Urkunde assoziiert wird. Daran kann man erkennen, daß die rechtlichen Konsequenzen von grundlegender Bedeutung sind. Jede Datei in beliebigem Format wird als „elektronisches Dokument" definiert. Dadurch sind Papiere nicht ausgeschlossen, da sie durch einen Scanner in Dateiform gebracht werden können. E-Mails, HTML-Dateien, ASCII-Files, Dokumente aus Textverarbeitung, Tabellenkalkulation oder Grafik, Images, Formulare (EDI) und Datenbankauszüge fallen somit auch unter den allgemeinen Begriff des Dokuments. Ein Dokumenten-Management-System bezeichnet in dieser Arbeit ein Computersystem mit Hard- und Software, das in der Lage ist, beliebige Informationen aufzunehmen, zu verarbeiten und zu verwalten. Dabei sind folgende Funktionen wichtig: Scannen, Erstellen, Weiterleiten, Archivieren, Abrufen und Suchen von Dokumenten.

Dokumenten-Management-Systeme können bezüglich der Schwerpunkte ihrer Funktionalität in drei Gruppen eingeteilt werden, nämlich in Archivierungssysteme, Retrieval-Systeme und Vorgangsunterstützungssysteme [Bullinger98].
Im wesentlichen läßt sich zu jeder Gruppe ein Beweggrund für die Planung eines Dokumenten-Management-Systems erkennen:

- Vermeidung von Papierbergen (Archivierungssysteme)
- Beherrschung der Informationsflut (Retrieval-Systeme)
- Kürzere Durchlaufzeiten (Vorgangsunterstützungssysteme)

Die Mitarbeiter sollen bei ihrer Arbeit durch das Dokumenten-Management-System unterstützt werden, um folgende primäre Ziele zu erreichen:

- Kosteneinsparung (Archivierungssysteme)
- Effizienzsteigerung beim Wiederfinden von Unterlagen (Retrieval-Systeme)
- Verbesserung der Marktleistung (Vorgangsunterstützungssysteme)

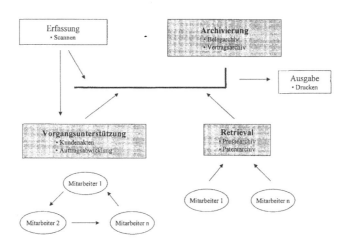

Abbildung 15: Komponenten eines Dokumenten-Management-Systems mit typischen Beispielen

Die meisten Dokumenten-Management-Systeme basieren auf einer Client-Server-Architektur und verwenden ein relationales Datenbankmanagementsystem. Hierfür kann beispielsweise Oracle oder SQL eingesetzt werden. Werden verschiedene Systeme eingesetzt, ist eine Kopplung dieser in der Regel möglich. Über jedes Dokument sind die sogenannten Metainformationen gespeichert, die entweder manuell oder automatisch vergeben werden. Bei einem Archiv für Angebote eignet sich z. B. das Datum als Index. Eine vollautomatische Attributvergabe ist nur bei einfachen und genau strukturierten Routinevorgängen möglich. In einer Tabelle hält das Dokumenten-Management-System die einmal festgelegten spezifischen Informationen und den physikalischen Ablageort der Dateien, der nicht in der Indexdatenbank liegt, fest. Ebenfalls sind beispielsweise Zugriffsrechte, zugelassene Benutzer und Archivierungsstrategie hinterlegt. Das Dokument selbst liegt im Langzeitspeicher, für den optische oder magnetische Verfahren verwendet werden. Der Aufruf durch den Client erfolgt über im Index definierte Applikationen. Eine Verwendung nahezu sämtlicher Dateiformate wird dadurch gewährleistet. HTML-Files stellen dabei keine

Ausnahme dar, jedoch können Links von den heute auf dem Markt existierenden Lösungen meist nicht sofort ausgeführt werden. In Zukunft ist aber verstärkt mit WWW-kompatiblen Dokumenten-Management-Systemen zu rechnen, so daß die Vorteile von Querverweisen beim Einstellen der Daten voll genutzt werden können.

Der Nutzen von Dokumenten-Management-Systemen ist schwer quantifizierbar. Für eine sinnvolle Aussage ist auch eine qualitative Betrachtung notwendig. Viele qualitative Verbesserungen wirken sich - manchmal erst nach einiger Zeit - auch monetär aus. Vorteile wie die Einsparung von Archiven bzw. Registraturen können relativ leicht berechnet werden. Wer sich jedoch auf solch kurzfristige Auswirkungen durch ein System beschränkt, läuft Gefahr, langfristige Vorzüge, wie die größere Transparenz von Vorgängen, eine höhere Motivation der Mitarbeitern oder schnellere Bearbeitungszeiten und daraus teilweise resultierende finanzielle Einsparungen, zu übersehen.

Folgende Vorteile sind erkennbar [Berndt94]:

- Kontinuierliche Verfügbarkeit und Ordnungsmäßigkeit:
  Es ist immer der gesamte Datenbestand abrufbar. Da physikalisch keine Dokumente entnommen und nur Reproduktionen erstellt werden, können Akten nicht „vergriffen" sein. Somit ist die Erteilung oder Einholung von Auskünften immer möglich. Ein einmal richtig erfaßtes Dokument kann nie falsch zurückgelegt werden. Um Verluste von Datenbeständen auszuschließen, können Sicherheitskopien erstellt werden. Die Verfügbarkeit von elektronischen Speichermedien ist wesentlich länger gewährleistet als dies bei Papier der Fall ist. Über Zugriffsrechte werden vertrauliche Angaben geschützt.
- Schneller Zugriff:
  Lange Wartezeiten entfallen, da ein Zugriff am eigenen Arbeitsplatz möglich ist und somit Transportwege zum Archiv entfallen. Eine elektronische Verteilung von Daten ist wesentlich schneller als mittels Papier.
- Geringe Kosten:
  Registraturen, die teilweise mehrere Räume füllen, können aufgelöst werden. Die Ausgaben für Büroartikel wie Ordner, Aktendeckel, Klarsichtfolien, usw. sinken. Routinetätigkeiten wie Kopieren und Ablegen können verringert werden.
- Komfortable Suche:
  Über die Indexeinträge läßt sich nach unterschiedlichen Kriterien oder teilweise sogar nach Textstellen suchen.
- Speicherung beliebiger (multimedialer) Informationen:
  Neben Texten können auch Töne und Grafiken verwaltet werden. Alle für eine Bearbeitung notwendigen Daten sind am Arbeitsplatz verfügbar.
- Geographische Unabhängigkeit:
  Eine räumliche Trennung von Dokumenten und Nutzern ist möglich, da der Zugriff über elektronische Netze erfolgt. Dadurch ist eine Akte nicht an einen bestimmten Raum und somit auch nicht mehr an einen bestimmten Sachbearbeiter gebunden. Große Entfernung können leicht z. B. durch das Internet überwunden werden. Abfragen von wechselnden Orten mittels Notebook über ein Modem stellen kein Problem dar.

- Gleichzeitiger Zugriff:
  Verschiedene Anwender können gleichzeitig an einem Vorgang arbeiten. Die Zusammenarbeit von Gruppen wird vereinfacht.

Nachteile eines Einsatzes von Dokumenten-Management-Systemen:

- Hohe Investitionen:
  Um ein elektronisches Archiv mit z. B. gescannten Dokumenten sinnvoll nutzen zu können, benötigt man ein leistungsfähiges Netzwerk. In der Regel ist das vorhandene Netz nicht ausreichend und somit entsteht allein für die Erweiterung des internen Netzes für sämtliche Mitarbeiter und die dazugehörige Hard- und Software für die Arbeitsplätze ein erheblicher Investitionsbedarf.

- Erhöhter Anteil von Bildschirmarbeitsplätzen:
  Die Anzahl der Mitarbeiter, die beim Einsatz eines Dokumenten-Management-Systems an einem Bildschirm arbeiten werden, nimmt zu. Eine Umstellung von der Arbeit mit Papier hin zu einer fast ausschließlich EDV unterstützen Tätigkeit wird Akzeptanzprobleme bringen. Gründliche Vorbereitung und Einarbeitung sind daher unerläßlich.

- Fehlende Schnittstellen:
  Stand-alone Dokumenten-Management-Systeme sind, wie allgemein bei neuen EDV-Systemen, nicht zweckmäßig. Schnittstellen zu anderen Softwarepaketen sind notwendig, jedoch bisher selten, nur individuell gelöst und meist teuer. Standards, die hierfür Abhilfe bringen könnten, sind erst in der Entwicklung (vergleiche Kapitel 7.3). E-Mail-Tools bereiten teilweise Schwierigkeiten bei der Einbindung.

- Aufwendige Eingabe:
  Bei einer Übernahme von Altarchivbeständen ist mit einem erheblichen Aufwand zu rechen, jedoch gestaltet sich auch das laufende Einscannen von unterschiedlichsten Dokumenten nicht unproblematisch.

- Schlechtes Versionsmanagement:
  Die Verwaltung von statischen und dynamischen Dokumenten in einem System bereitet meist Schwierigkeiten. Man muß z. B. bei archivierten Angeboten sicherstellen, daß eine Veränderung dieser Daten nachträglich ausgeschlossen ist, jedoch will man beispielsweise bei einer abgelegten Konstruktionszeichnung später Verbesserungen durchführen und abspeichern.

- Schwierigkeiten mit rechtlichen Bestimmungen:
  Die Gesetze und Richtlinien in Deutschland bereiten bei der Verwendung von elektronischen Medien Probleme, da ihnen nur eine „Beweiskraft des Augenscheins" zugestanden wird (vergleiche Kapitel 8.2).

- Organisatorische Probleme:
  Eine Abbildung der bisher bestehenden Prozesse in einem Dokumenten-Management-System ist nicht sinnvoll und schwer realisierbar, daher ist eine oftmals sehr komplexe organisatorisch Umgestaltung der Abläufe notwendig.

6.1 Archivierungssysteme

Angesichts des wachsenden Papieraufkommens im Büro nehmen auch die abgelegten Schriftstücke im Laufe der Jahre gigantische Ausmaße an. Oft füllen Ordner und Akten nicht nur ganze Archive, sondern meist auch große Teile des Büros. Zugriffe sind teilweise aufgrund von Transportwegen langwierig und aufwendig. Ein elektronisches Archivierungssystem bringt Vereinfachungen beim Ablegen und Wiederfinden von Informationen. Dabei ist ein papierloses Unternehmen fiktiv, realisierbar ist jedoch ein „papierarmes" Büro.

Charakteristisch für ein Archivsystem sind kontinuierlich wachsende Datenbestände, die nicht nachträglich geändert werden und auf die selten Zugriffe erfolgen. Das System stellt eine „Endlagerung" dar. Hierfür eigenen sich WORM-Medien (siehe Kapitel 6.1.4).

Der Archivierungsvorgang umfaßt mehrere Schritte, die in den folgenden Unterkapiteln erläutert werden.

6.1.1 Scannen

Sollen Dokumente, die in Papierform vorliegen, im elektronischen Archiv abgelegt werden, müssen diese durch einen Scanner in elektronische Form gebracht werden. Man unterscheidet zwischen den folgenden Scannertypen:

* Flachbettscanner
* Einzugsscanner
* Hand-held-Scanner

Flachbettscanner sind von der Funktionsweise mit Kopiergeräten vergleichbar: Ein aufgelegtes Schriftstück in beliebiger Form kann erfaßt werden. Hingegen eignen sich **Einzugsscanner** für große Mengen an losem Papier. Im Preis liegen diese Geräte über den Flachbettscannern, erreichen aber auch eine wesentliche höhere Anzahl an Seiten pro Minute. Dabei ist zu beachten, daß Bücher, geheftete Unterlagen o. ä. nicht verarbeitet werden können. Auf dem Markt werden jedoch vermehrt kombinierte Hochleistungsgeräte angeboten. Für das Einlesen von Barcodes genügen kostengünstige **Hand-held-Scanner**, diese sind häufig in Einkaufsmärkten zu sehen. Für sonstige Verwendungen liefern diese einfachen Scanner meist eine ungenügende Qualität, mit ein Grund dafür sind Probleme bei der Ausrichtung.

Vor dem Scannen müssen die Unterlagen entheftet und entklammert werden. Anschließend erfolgt eine Sortierung nach Inhalt und technischen Gesichtspunkten (Dicke, Farbe und Größe der Papiere). Nach dem Auflegen des Dokuments auf den Scanner muß eine Kontrolle am Bildschirm durchgeführt werden. Ist das Bild einwandfrei, so wird es abgespeichert. Bei Unschärfen, abgeschnittenen Rändern o. ä. muß der Vorgang wiederholt werden und/oder entsprechende manuelle Einstellungen vorgenommen werden. Grundsätzlich kann das Scannen vor oder nach dem Bearbeiten der Unterlagen erfolgen.

Übernahme von Altbeständen

Die Einführung eines elektronischen Archivsystems wird häufig geplant, weil bereits
viele tausend Dokumente verwaltet werden müssen. Bei der Übernahme alter
Archivbestände in ein elektronisches Archivsystem entsteht ein erheblicher Aufwand,
der gut überlegt sein will. Erfahrungsgemäß ist ein Zugriff auf alte Akten selten. Schnell
kann der Nutzen für eine Übertragung geringer sein als die Kosten.

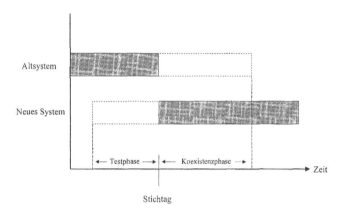

Abbildung 16: Systemwechsel bei Stichtagslösung [Berndt98]

In der Praxis werden die neuen Systeme meist zu einem bestimmten Stichtag eingeführt
(siehe Abbildung 16). Alte existierende Dokumente werden weiterhin nach dem alten
Verfahren verwaltet. Neu eingehende Papiere werden im neuen Archivierungssystem
erfaßt. Für eine gewisse Übergangsphase koexistieren beide Verfahren. Teilweise kann
die Koexistenzzeit durchaus aufgrund gesetzlicher Aufbewahrungsfristen mehrere Jahre
dauern. Eine Testphase vor der Aufnahme des eigentlichen Betriebs ist sinnvoll, um
auftretende Fehler rechtzeitig zu erkennen. Eingehende Unterlagen werden während des
Testbetriebs sowohl im alten, als auch im neuen System archiviert. In dieser Zeit
können auftretende Mängel im neuen System durch das alte kompensiert werden.
Falls ein Unternehmen eine Stichtagslösung nicht in Frage kommt, müssen die zu
übernehmenden Datenbestände genau analysiert werden. Ziel ist eine Minimierung der
noch benötigten Informationen. Das am häufigsten verwendete Kriterium ist das
Dokumentenalter. Bei anderen Vorgehensweisen kann teilweise die Auswahl der
Papiere, die übernommen werden sollen, teurer sein als die komplette Übernahme.
Bei der einmaligen Altbestandsübernahme entsteht ein großer Aufwand, der weit
außerhalb des normalen Routinegeschäfts liegt. Eine Bewältigung dieser Arbeit durch
eigene Mitarbeiter ist meist nicht praktikabel. Empfehlenswert ist die Beauftragung

eines spezialisierten Anbieters, der das entsprechende Equipment und das nötige Know-how zur Verfügung hat.

Datenkompression

Die nun in Dateiform vorliegenden Dokumente sind Faksimiles, die nicht kodiert sind (NCI). Diese Images benötigen einen hohen Speicherbedarf, was nicht nur bei der Archivierung, sondern auch beim Transport im Netz und beim Abruf am PC Engpässe verursachen kann. Wünschenswert sind möglichst kleine Dateien, da sie auch schneller als große übertragen werden können. Sogenannte Komprimierungsprogramme können vor der Einstellung ins Archivsystem zur Speicherplatzreduzierung verwendet werden. Bei einem Abruf müssen die Daten dann wieder dekomprimiert werden, was einen kleinen Zeitnachteil darstellen kann.

Texterkennung

Eine alternative Methode, die Dateigröße bei eingescannten Dokumenten gering zu halten, ist die Texterkennung. Hierbei wird NCI (Non Coded Information) in CI (Coded Information) umgewandelt, d. h. Images werden in maschinenlesbaren Text umgewandelt. Die hierfür verwendete OCR-Software (Optical Character Recognition) wird nach dem Einscannen aufgerufen.
Die Technik erreicht mittlerweile Erkennungsraten von 99 %, was etwa 20 falschen oder nicht erkannten Zeichen pro Seite entspricht. In der Praxis kommen jedoch Werte von 80 % - 90 % vor. Abhängig sind die erzielten Ergebnisse von der Qualität der Originale, wobei Schriftart, -größe, -satz, Farben und Sonderzeichen entscheidend sind. Für die Anwender bedeutet das, daß schlechte Papiervorlagen mehr Aufwand bei der manuellen Korrektur benötigen. Bei einer Beschränkung auf wenige Details - z. B. bei Angeboten auf das Absenderfeld - verringert sich die Nachbearbeitungszeit. Optimale Ergebnisse können bei Formularen erzielt werden, man denke nur an die Überweisungträger im Bankbereich. Die Programme werden ständig verbessert und beispielsweise durch Rechtschreibprüfungen erweitert, wodurch weitere Fehler vermieden werden können. Natürlich wirkt sich das auf die Anschaffungskosten, aber auch auf die Verarbeitungsdauer negativ aus. Die neuesten Entwicklungen beschäftigen sich mit der Formaterkennung von Texten; hierbei kommen die sogenannten ICR-Algorithmen (Intelligent Character Recognition) zum Einsatz.
Eine Texterkennung ohne Nachbearbeitung kann z. B. für eine Volltextindizierung oder eine automatische Indizierung (siehe Kapitel 6.1.3) sinnvoll sein. Man nimmt in Kauf, daß manche Wörter falsch oder nicht erkannt werden und hofft, daß die „wichtigen" Wörter zumindest einmal richtig erkannt worden sind. Ein solches Verfahren eignet sich beispielsweise für Zeitungsarchive, da die zentralen Begriffe meist mehrfach in einem Artikel genannt werden.
Der wichtigste Vorteil der Texterkennung ist, daß Informationen im ASCII-Format in andere Rechneranwendungen übernommen und weiterverarbeitet werden können.
Eine völlig korrekte ASCII-Datei durch manuelle Korrektur zu erreichen, ist sehr arbeitsaufwendig und lohnt sich meist beim Einsatz von Archivsystemen nicht, da ein Löschen der NCI-Originaldokumente aus rechtlichen Gründen (vergleiche Kapitel 8.2) meist nicht möglich ist.

6.1.2 Datenübernahme aus anderen Anwendungen

Eine elektronische Archivierung von Papierobjekten durch Scannen ist, wie gesehen, relativ aufwendig. Einfacher gestaltet sich ein Archivierungsvorgang von CI-Dokumenten. „Zu übernehmende Dokumente können in verschiedenen Hard- und Softwaresystemen entstehen." [Berndt94] Die meisten Dateien kommen im heutigen Unternehmen aus Textverarbeitungsprogrammen, jedoch spielen beispielsweise auch CAD-Anwendungen (siehe Kapitel 6.3) eine zunehmende Rolle. In Zukunft ist mit einem verstärkten Aufkommen von Internetanwendungen zu rechnen und damit auch mit Dokumenten aus dem Bereich dieser Anwendungen. HTML-Files und EDI-Dateien sind lediglich zwei Beispiele. Bei der Verwendung von E-Mail-Software ist meist eine lokale Abspeicherung der eingehenden und ausgehenden Nachrichten vorgesehen. Durch eine Übernahme in ein öffentliches Archiv entstehen neue Informationsquellen für andere Mitarbeiter des Unternehmens. Private und persönliche E-Mails können ebenfalls übertragen werden, jedoch wird hier die Nutzung durch Kollegen mittels einer entsprechenden Indizierung ausgeschlossen (siehe Kapitel 6.1.3 und 8.1). Grundsätzlich eignen sich alle an einem Computer erstellten Daten zur Einstellung in ein elektronisches Archiv. Lediglich Massendaten (z. B. angefertigte Sicherungskopien) bilden eine Ausnahme, da sie keinen Dokumentencharakter besitzen.
Die Übernahme an sich wird durch Schnittstellen realisiert. Zu beachten ist, daß eine Archivierung nur in einem Format sinnvoll ist, das auch zukünftig noch interpretiert werden kann. Bei ungebräuchlichen Dateiformaten ist eine Konvertierung notwendig, um einen Abruf durch eine Standardapplikation sicherzustellen. Auch multimediale Informationen (Sprache, Ton oder Video) können archiviert werden. Die folgenden Arbeitsschritte (Indizieren und Speichern), sowie das Abrufen verlaufen analog zu Dateien, die gescannt und anschließend mit OCR-Software in CI-Dokumente überführt worden sind.

6.1.3 Indizieren

Um eine Datei in einem Archivierungssystem wiederfinden zu können, muß vor der Ablage in den Dokumentenspeicher eine Indizierung durchgeführt werden. Die Indizes werden in einem relationalen Datenbankmanagementsystem verwaltet. In Abbildung 17 und im weiteren Verlauf wird dieses kurz mit Indexdatenbank (Index-DB) bezeichnet. Beim Einstellen eines Dokuments erfolgt zunächst ein Eintrag in die Indexdatenbank, in der auch der physikalische Ablageort der Datei im Dokumentenspeicher hinterlegt wird (siehe Abbildung 17).

Um ein Dokument möglichst leicht wiederzufinden ist es wünschenswert nach möglichst vielen unterschiedlichen Kriterien suchen zu können, d. h. möglichst viele Angaben über das Dokument müssen gespeichert sein (siehe Kapitel 8.1). Die Indizierung ist jedoch neben dem Scannen ein wesentlicher Kostenfaktor beim Einsatz eines Archivierungssystems.

Man unterscheidet zwischen automatischer, halbautomatischer und manueller Indizierung. Ein möglichst hoher Grad der Automatisierung ist für einen wirtschaftlichen Einsatz notwendig. Eine automatische Vergabe von Attributen, wie z. B. dem Ablagedatum und einer fortlaufenden Nummer, eignet sich in jedem Fall zur Vorindizierung. Dadurch ist gewährleistet, daß kein Dokument für immer verloren ist, auch falls später bei der manuellen Indizierung Fehleingaben gemacht werden. Da pro Tag viele Dokumente archiviert werden, reicht eine Vorindizierung nicht aus.

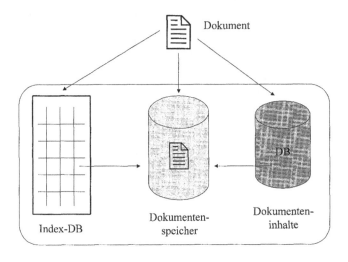

Abbildung 17: Indizierung von Dokumenten

Bei NCI-Dateien muß die weitere Indizierung von Hand vorgenommen werden. Sie sollte sofort beim Einstellen erfolgen, da sonst ein Wiederfinden schwierig wird, eine vollständige Indizierung kann aber nicht immer sofort erfolgen. Dies kann entweder an der mangelnden Qualifikation des Personals liegen oder daran, daß eine komplette Attributierung erst nach Ablauf eines Vorgangs durchgeführt werden kann. Eine nachträgliche manuelle Ergänzung durch beliebige andere Mitarbeiter gestaltet sich unproblematisch. Hilfreich ist eine parallele Anzeige des Dokuments und der Indizierungsmaske am Bildschirm. Grundsätzlich sollte jede manuelle Indizierung automatisch auf Konsistenz geprüft werden.
Eine vollautomatische Indizierung ist bei CI-Dateien realisierbar und auch empfehlenswert. Bei der Übernahme aus anderen Anwendungen können Informationen, die wichtig sind, übernommen werden. Beispielsweise kann man bei einem Textverarbeitungsprogramm über Makros vom Benutzer Angaben über das Dokument vor dem Speichern abfragen. Die verwendete Applikation geht aus der Dateiendung hervor und muß auch im Archivierungssystem bekannt bleiben. Daraus lassen sich u. U.

weitere wichtige Attribute, wie das vorgesehene Löschdatum, herleiten. Bei anderen Anwendungen ist eine automatische Übernahme beispielsweise der Kopfzeile in den Index realisierbar. Dafür sind Listen ein gutes Beispiel, da eine komplette Übernahme sämtlicher Daten der Liste (Primärindizes) schnell die Kapazität der Indexdatenbank sprengen würde, während ein Eintrag des Listennamens und Datums (Sekundärindex) einen geringen Speicheraufwand, aber geeignete Suchkriterien darstellen. Eine Abspeicherung sämtlicher bisher ausgedruckter Listen ist mit Vorsicht zu genießen, da oftmals die Anzahl durch organisatorische Maßnahmen reduziert werden kann (vergleiche Kapitel 7.1). Bei immer gleichen Formularen kann an einer bestimmten Stelle ein eindeutiges Attribut, z. B. bei Bestellungen die Bestellnummer, verwendet werden. Dies geht genauso bei Dateien, die mit OCR-Programmen umgewandelt worden sind. Um nur einen Indexeintrag automatisch zu erkennen, muß nicht das ganze Dokument mit Texterkennung bearbeitet werden, sondern es reicht, über einen definierten Teil des Papiers OCR-Software laufen zu lassen. Denkbar ist ebenfalls der Einsatz eines Barcodes zur halbautomatischen Indizierung. Auch bei wenig Speicherplatz benötigenden CI-Dokumenten gilt, daß eine Archivierung vorab auf Zweckmäßigkeit geprüft werden muß. Schnell erreichen bei dieser Dokumentenart die Indizes die Größe der abzulegenden Datei.

Die Anbieter von Archivierungsprogrammen bieten verschiedene Systeme an. Die Indizierung kann auf Akten- oder Dokumentenebene erfolgen. Unterschiede gibt es auch bei mehrseitigen Dokumenten, die entweder seitenweise oder dokumentenweise indiziert werden. Angeboten werden Archive bei denen die Struktur der Ablage bereits vordefiniert ist, wie z. B. die Einteilung in Schränke, Ordner, Mappen und Dokumente. Andere Systeme lassen einem freie Hand und unterstützen die verschiedensten Möglichkeiten.
Die Vergabe von Nutzungsrechten für die einzelnen Dokumente, die in der Index-Datenbank hinterlegt werden, ist in allen angebotenen Systemen vorgesehen. Für die Ablage von E-Mails lassen sich beispielsweise defaultmäßig Rechte ausschließlich für den Empfänger eintragen, diese Rechte können bei der Ablage geändert werden. Ein Anheften von „gelben Zetteln" an Dokumente bietet erhöhten Komfort. Denkbar sind Vermerke für alle Nutzer oder aber Hinweise, die nur derjenige Mitarbeiter lesen kann, der sie auch erstellt hat.

Volltextindizierung

Besonders hilfreich bei der Recherche kann die Suche nach Dokumenteninhalten sein. Nach einer sogenannten „Volltextindizierung" kann schnell und komfortabel nach sämtlichen Begriffen, die in einem Dokument vorkommen, gesucht werden. Beim Abspeichern eines Dokuments muß dazu in einer speziellen Datenbank der Inhalt und der Ablageort des Dokuments eingetragen werden (siehe rechter Teil Abbildung 17). Für eine Volltextindizierung müssen die Dokumente in CI-Form vorliegen. Bei der Übernahme von Dateien aus anderen Software-Anwendungen ist dies unproblematisch, während eingescannte Dokumente mit Texterkennung umgewandelt werden müssen (vergleiche Kapitel 6.1.1). Dabei kann auf eine manuelle Nachbearbeitung verzichtet werden, falls man in Kauf nimmt, daß manche Begriffe bei der Suche nicht gefunden werden können, obwohl sie im Originalpapier enthalten waren.

In einer speziellen Datenbank werden alle Worte sämtlicher Dokumente abgelegt (siehe Kapitel 8.1). Jedem Wort werden die Ablageorte der Dokumente, in denen es vorkommt, zugeordnet. Bei der Recherche muß durch dieses Verfahren nicht das ganze Archiv durchsucht werden, was bei einer großen Anzahl an Dokumenten sehr lange dauern würde, sondern das Ergebnis der relevanten Akten wird mit Hilfe der Datenbank schnell geliefert.

Um die Datenbank effizient nutzen zu können, muß eine sogenannte Stopwortliste geführt werden, in der Begriffe eingetragen werden, die häufig in Texten vorkommen und somit keine charakteristischen Suchbegriffe darstellen. Eine Überlastung der Datenbank mit Wortarten wie Pronomen, Artikeln o. ä. wird meist durch die Anbieter ausgeschlossen. Die Stopwortliste muß jedoch vom Anwender erweitert und ständig gepflegt werden.

Der Vorgang der Volltexterkennung läuft vollautomatisch ab, bedarf aber beim Erfassen von vielen Dokumenten einer erheblichen Rechenleistung. Die Verwaltungsinformation kann bei diesem Verfahren schnell größer als die eigentliche Datenbasis werden.

6.1.4 Speichern

Für die Datenspeicherung werden verschiedene Systeme angeboten. Zur Speicherung werden heute meist elektro-optische - oder kurz: optische - Verfahren verwendet. Ihr Vorteil gegenüber dem Mikrofilm oder Papier ist die direkt mögliche Einbeziehung in das vorhandene elektronische System. Die neue Technik wird auch bevorzugt eingesetzt, da die Verwendung von elektronischen Verweisen, sogenannten Hyperlinks und die Verarbeitung von multimedialen Informationen, wie z. B. Video- oder Audiosequenzen möglich ist. Optische Speichermedien sind wesentlich preisgünstiger als magnetische. Deswegen haben die optischen Platten die magnetischen Speicher im Bereich der Archivierungssysteme nahezu vollständig abgelöst, obwohl der Zugriff auf sie langsamer ist. Der Transport bereitet keine Schwierigkeiten, da eine Auswechslung sogar durch den Anwender möglich ist. Optische Platten besitzen eine hohe Lebenserwartung, während die Lesegeräte eine beschränkte Lebenszeit haben. Probleme entstehen bei einem elektronischen Archiv durch die sich rasch ändernde Technik, und es ist fraglich, ob beispielsweise in zehn Jahren ein ausgefallenes Lesegerät noch durch ein Gerät zu ersetzen ist, das die vorhandenen Datenträger richtig interpretieren kann.

Im Zusammenhang mit der Speicherung bei Dokumenten-Management-Systemen taucht in der Literatur meist der Begriff COLD (Computer Output to Laser Disc) auf. Unterschiedliche Medien kommen bei Archivierungssystemen für die Speicherung zum Einsatz. Ein wichtiger Punkt um rechtlichen Anforderungen zu genügen ist dabei die Unveränderbarkeit der erfaßten Dokumente.

Man unterscheidet drei verschiedene Formen von elektro-optischen Platten:

• Nur lesbare Medien (Read Only Memory, ROM)
• Einmal beschreibbare Medien (Write Once Read Many, WORM)
• Mehrfach beschreibbare Medien (z. B. magneto-optische Speicher)

Im folgenden werden einige Datenträgeralternativen vorgestellt:

CD (Compact Disc)

Die CD-ROM ist der bekannteste Vertreter der Read-Only-Memory-Kategorie, nur Lesen ist möglich. Für eine Speicherung von Informationen muß vorab eine Sammlung und eine Vorformatierung der Daten erfolgen. Anschließend erfolgt die Herstellung in einer speziellen Produktionsstelle. Besonders vorteilhaft bei der CD ist die vorhandene Standardisierung, die weltweit durch eine Norm (ISO 9660) gegeben ist. Auf eine CD passen 650 MB Daten. Informationen, die auf der CD sind, können nicht wieder entfernt werden, was die Revisionssicherheit bei der Archivierung sicherstellt. Bei der Produktion der CD-ROM ist, wie bei der gleich aussehenden Audio-CD, aufgrund des hohen technischen Aufwands nur die Herstellung großer Stückzahlen interessant. Da bei Dokumenten-Management-Systemen keine hohen Stückzahlen benötigt werden, ist die CD-ROM für einen Einsatz in diesem Bereich nicht geeignet. Außerdem würden während der Zeit der Herstellung Informationslücken entstehen. Sehr gut verwendet werden kann hingegen die CD-R (CD-Recordable). Sie gehört in den Bereich der WORM-Medien. Die Normierung gilt auch für die CD-R. Die Informationen werden im Unterschied zur CD-ROM durch einen Laserstrahl eingebrannt. Besitz man einen CD-Brenner, besteht die Möglichkeit selbst CDs zu erstellen. Ein Nachteil besteht bei der CD-R darin, daß eine Beschreibung in einem ununterbrochenen Datenstrom erfolgen muß. Zu speichernde Informationen müssen daher solange zwischengespeichert werden, bis das Datenvolumen CD-Größe erreicht hat. Um trotzdem die Unveränderbarkeit zu gewährleisten, existieren bereits geeignete Sicherheitskonzepte. Dabei kommen Magnetplatten mit einer Spiegelplattenerweiterung zum Einsatz. Falls bei der CD-Erstellung Fehler auftreten, ist in der Regel der Vorgang abzubrechen und neu zu beginnen; häufig ist der verwendete CD-Rohling nach einem Abbruch unbrauchbar für die weitere Verwendung.

DVD (Digital Versatile Disc)

Die DVD ist eine Weiterentwicklung der CD. Die Größe ist identisch mit der CD, jedoch können mehr Daten auf einer DVD gespeichert werden. Die Kapazitäten reichen von 4 bis 8 GB. Eine Normierung wurde bisher nicht realisiert. Verwendet man DVDs von verschiedenen Herstellern kann es zu Inkompatibilitäten kommen. Wie bei CDs werden in Zukunft zwei verschiedene Typen, die DVD-ROMs und die DVD-Rs, existieren. Der Einsatz für ein Archivierungssystem ist im Moment wegen der nicht vorhandenen Standardisierung fraglich.

WORM (Write Once Read Many)

Die CD-R ist ein Beispiel für einen WORM-Datenträger. WORM-Medien sind einmal beschreibbar und beliebig oft lesbar. Wie bei der CD-R werden die Informationen durch einen Laserstrahl in das Medium eingebrannt. Der Vorteil bei der Verwendung der WORM-Technologie (CD-R ausgenommen) liegt in der Möglichkeit die Daten sukzessive auf die Platte schreiben zu können. Eine Zwischenspeicherung kann entfallen. Eine Manipulation von zu speichernden Informationen kann bei einem

Einsatz dieser WORM-Medien somit noch besser verhindert werden. Einmal eingebrannte Informationen können wie bei der CD nicht mehr gelöscht werden. Für WORM-Platten existiert kein gültiger Standard. Die Kapazitäten liegen zwischen 2,6 und 20 GB. Formate von 5 ¼" bis 14" sind anzutreffen. Mit Weiterentwicklungen in diesem Bereich ist ständig zu rechnen. Die Kapazitäten werden sich in den nächsten Jahren weiter erhöhen. Um Probleme bei der Kompatibilität zu vermeiden, sollte solange mit dem Einsatz gewartet werden, bis eine gültige Norm existiert.

MOD (Magneto-Optical Disc)

In der Literatur findet man auch den Namen ROD (Rewriteable Optical Disk). Es handelt sich um einen wiederbeschreibbaren optischen Speicher. In der Funktionsweise gleichen sie Magnetplatten. Für eine revisionssichere Archivierung eignen sich MODs aufgrund der möglichen Veränderungen der Datenbestände nicht. Es existieren bereits Laufwerke, die CDs, DVDs, WORMs und auch MODs automatisch erkennen und lesen bzw. beschreiben können. Ein Einsatz in einem Dokumenten-Management-System ist daher durchaus, z. B. im Bereich der Datensicherung, denkbar. Hierfür sind die Kapazitäten der MODs, die zwischen 650 MB und 2,6 GB liegen, bereits heute ausreichend.

Jukeboxen

Es stehen Medien mit sehr großen Speicherkapazitäten zur Verfügung; auch können mehrere Laufwerke an ein Archivierungssystem angeschlossen werden. Große Unternehmen werden trotzdem schnell Kapazitätsengpässe bekommen, besonders wenn viele NCI-Dokumente gespeichert werden müssen.
Abhilfe bringen sogenannte Jukeboxen. Es handelt sich bei Jukeboxen um ein robotergestütztes System, bei dem viele optische Platten im Zugriff gehalten werden können. Man nützt dabei die Eigenschaft der Wechselbarkeit der optischen Speicher aus. Die Funktionsweise ist ähnlich wie bei einer Musikbox: Werden Informationen benötigt, die nicht direkt abrufbar sind, so wird zunächst das richtige Speichermedium ermittelt. Im nächsten Schritt wird dann mechanisch die entsprechende Platte ins Laufwerk gelegt und schließlich werden die Daten ins System geladen.
Jukeboxen erreichen riesige Kapazitäten und durch die Verwendung mehrerer Jukeboxen innerhalb eines Archivs kann der Speicher als beliebig ausbaubar bezeichnet werden.
Dadurch, daß der Roboter Platten aus dem Laufwerk entnimmt und andere einlegt, entstehen bei jeder Jukebox Wartezeiten. Obwohl die Antwortzeiten bei einer Jukebox wesentlich länger sind als bei magnetischen Platten, werden aus wirtschaftlichen Gründen Archivierunssysteme fast ausschließlich mit Jukeboxen betrieben. Im Vergleich mit bisherigen Archiven sind die Wartezeiten jedoch durchaus akzeptabel.
Bei der Auswahl der Gesamtspeichergröße muß die Zugriffshäufigkeit mit in Betracht gezogen werden. Werden alte Akten selten benötigt, können sie aus dem Zugriff des Systems genommen werden und in einem herkömmlichen Regal bis zum Ende der Aufbewahrungsfrist gelagert werden. Die Daten sind dadurch keineswegs verloren. Sollte eine Akte einmal benötigt werden, kann der entsprechende Datenträger leicht

manuell ins Laufwerk gelegt werden, da eine unnötig hohe Belastung der Jukebox nicht sinnvoll ist.

Eine Auslagerung in den Offline-Betrieb ist jedoch nur realisierbar, falls bereits bei der Speicherung nach einem Kriterium gearbeitet worden ist, das die angestrebte Auslagerung geeignet unterstützt. Es kann nur plattenweise ausgelagert werden, d. h. alle Daten eines Mediums werden aus dem Zugriff des Systems genommen oder keine.

Man unterscheidet bei der Zuordnung von Dokumenten zu Speichermedien zwischen folgenden zwei Alternativen [Berndt94]:

- Chronologische Speicherung
- Speicherung in definierten Clustern

Bei der chronologischen Speicherung werden sämtliche Dokumente in der Reihenfolge ihres Eingangs bzw. ihrer Erstellung abgespeichert. Eine inhaltliche Zuordnung erfolgt hingegen bei der Speicherung in Clustern. Hierbei wird im Voraus für jeden Vorgang ein bestimmter Speicherplatz reserviert. Kommt ein Dokument einer bestimmten Akte zur Ablage, ist sein vordefinierter Ablageort bereits bekannt. Wichtig für die Festlegung des Verfahrens ist, ob man eher bei der Abspeicherung oder eher beim Abrufen längere Wartezeiten in Kauf nimmt.
In der Praxis wird meistens eine Kombination beider Verfahren angewandt. Eine gelegentliche Reorganisation bringt z. B. nach der Anwendung des chronologischen Verfahrens Dokumente, die zu einem Vorgang gehören, wieder zusammen.

6.1.5 Recherchieren, Anzeigen und Löschen

Um ein Dokument aus dem Dokumentenspeicher wiederzufinden, muß der Benutzer zunächst von seinem Arbeitsplatz aus auf eine Datenbank zugreifen, die dann den physikalischen Ablageort der Datei im Dokumentenspeicher liefert (siehe Abbildung 18). Die Suche wird mit sogenannten Recherchefunktionen durchgeführt. Hierfür bieten sich zwei Möglichkeiten: Entweder wird eine Anfrage an die Indexdatenbank oder eine Volltextsuche (vergleiche Abschnitt „Volltextrecherche") durchgeführt. In beiden Fällen liefert das System eine Trefferliste zurück. Aus ihr muß dann das gewünschte Dokument gewählt werden, wobei das Dokument, das die meisten Übereinstimmungen mit der Anfrage hat, an erster und das mit den wenigsten an letzter Stelle steht; es handelt sich hierbei um eine sogenannte Hit-Liste.

Das gewünschte Dokument wird nun auf dem Bildschirm reproduziert. Die Originaldatei bleibt im Speicher und kann gleichzeitig von anderen Personen abgerufen werden. Bei einer Anbindung des Archivsystems an ein internes Netz oder das Internet sind Zugriffe auch über große räumliche Distanzen realisierbar. Zur Anzeige können parallel verschiedene geeignete Programme verwendet werden. Sinnvoll ist jedoch der Einsatz von sogenannten Viewern. Wird ein Dokument durch einen Viewer am Bildschirm angezeigt, ist eine Veränderung nicht möglich, da Viewer - wie der Name im Englischen schon sagt - ausschließlich zum Anschauen von Dateien verwendet werden können. Besonders anwenderfreundlich ist ein Universalviewer, der den Zugriff auf sämtliche Informationen ermöglicht. Werden hingegen verschiedene Programme verwendet, ist die Gefahr groß, daß die Mitarbeiter überfordert werden. Der Einsatz eines einzigen Viewers ist auch aus Kostengründen zu empfehlen: Es muß nur eine Lizenz pro Arbeitsplatz gekauft werden, während sonst für viele Programme Lizenzen erworben werden müßten. Zu bedenken sind auch die Folgekosten für Updates. Bei Textverarbeitungsprogrammen kommen beinahe jedes Jahr neue Versionen auf den Markt. Nicht jeder Mitarbeiter benötigt alle Textverarbeitungsprogramme zur Erstellung, jedoch sollte er Zugriff auf alle abgelegten Dokumente haben, auch auf die, die durch Kollegen abgespeichert wurden. Ein Versionsmanagement für den Viewer kann sicherstellen, daß alle Dokumente abrufbar bleiben.

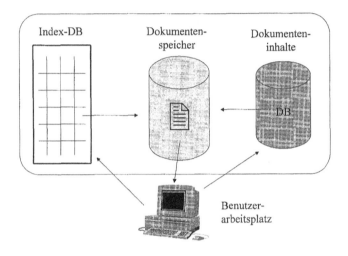

Abbildung 18: Recherche von Dokumenten

Die Firma Adobe bietet mit dem Acrobat einen universell einsetzbaren Viewer an. Bereits heute existieren elektronische Archive auf dem Markt, die eine Verknüpfung der Dokumente durch Querverweise, sogenannte Hyperlinks, erlauben. Diese Technik wird in Zukunft noch mehr zum Einsatz kommen. Als Viewer bieten sich damit beispielsweise Browser, wie der Netscape Navigator und der Microsoft Internet Explorer an.

Um Speicherplatz zu sparen, werden oft verwendete Hintergrundbilder, wie z. B. Briefköpfe, nicht bei jedem Dokument mit abgespeichert. Der Text und das Hintergrundbild werden getrennt verwaltet. Erst beim Abrufen bzw. Ausdrucken werden die beiden Dateien wieder zusammengefügt. Dabei ist eine Versionsverwaltung der Hintergrundbilder wichtig, da sonst die Dokumente falsch reproduziert werden (beispielsweise ändert sich der Briefkopf). Bei der Verwaltung von eigener

Korrespondenz durch eine elektronische Übernahme aus einem Textverarbeitungsprogramm ist zu bedenken, daß die Unterschrift auf der Reproduktion fehlt.
Auch ein Löschen von Informationen nach dem Betrachten ist bei einem
Archivierungssystem für im Index festgelegte Personen möglich. Dazu wird der Index
gelöscht, und somit ist die Datei nicht mehr wiederzufinden; jedoch ist auch ein
physikalisches Löschen auf einem WORM-Medium durch Einbrennen von Löchern
möglich.

Volltextrecherche

Bevor der Anwender eine Suche startet, muß er sich entweder für eine Volltext- oder
eine Indexrecherche entscheiden. Die Eingabe- und Trefferlistenmasken sind bei beiden
Verfahren identisch. Bei einer Volltextrecherche wird nach Begriffen aus dem Inhalt
von Dokumenten und nicht nach deren Indizes gesucht. Den Ablageort im
Dokumentenspeicher liefert bei der Volltextsuche die Datenbank, in der die
Dokumenteninhalte hinterlegt sind (siehe rechte Seite Abbildung 18).
Werden Dokumente zu einem bestimmten Themengebiet gesucht oder ist bei der
Eingabe noch nicht bekannt, welche Informationen in der Zukunft benötigt werden, so
ist eine Volltextrecherche geeignet. Eine Volltextsuche hat jedoch eine
Volltextindizierung zur Voraussetzung.
Dokumentare halten das Volltextverfahren für eine mangelhafte Charakterisierung der
Dokumente. Wird nach einem Begriff gesucht, der nicht im Dokument auftaucht,
scheitert das Verfahren, obwohl vielleicht trotzdem eine inhaltliche Übereinstimmung
gegeben ist. Eine Verbindung der Anwendung mit Synonymlisten ist daher oft
anzutreffen.
Da eine Volltextrecherche einige Rechnerkapazität bindet und auch einige Zeit
benötigen kann, ist eine Abbruchfunktion zu empfehlen. Entweder werden dann die bis
zu diesem Zeitpunkt gefundenen Ergebnisse angezeigt oder es erfolgt eine Stornierung
der Anfrage. Eine Alternative wäre eine zeitliche Trennung zwischen der Eingabe der
Anforderung und der Abfrage des Ergebnisses [Berndt94].

6.2 Retrieval-Systeme

Retrieval-Systeme unterscheiden sich nur unwesentlichen von Archivierungssystemen.
Die Zugriffshäufigkeit auf gespeicherte Dokumente ist bei Retrievel-Systemen höher
und meistens ist beim Abspeichern noch nicht vorhersehbar, welche Informationen
später nachgefragt werden. Auch die Suchkriterien sind im Gegensatz zum
Archivsystem nicht von vornherein bekannt. Geeignet sind Retrieval-Systeme zur
Recherche in großen Datenbeständen. Ein typisches Beispiel ist ein Pressearchiv.
Generell ist auf dem heutigen Markt eine zunehmende Verschmelzung von
Archivierungs- und Retrieval-Systemen zu beobachten. Das Scannen, die
Dateiübernahme aus anderen Anwendungen, die Indizierung und das Speichern laufen
nahezu identisch ab wie bei Archivierungssystemen. Beim Recherchieren soll das
Retrieval-System mehr Komfort als das Archivierungssystem bieten. Für mehrere
Attribute sind bei der Suche Verknüpfung über Boolesche Operatoren (z. B. Und, Oder,
Nicht) und relationale Operatoren (z. B. Gleich, Größer gleich, Kleiner gleich,

Bereiche) unbedingt erforderlich. Eine Kombination von Volltextrecherche und Indexrecherche sollte möglich sein. In Retrieval-Systemen gewinnen Hyperlinks an Bedeutung und bieten im Einsatz deutliche Vorteile gegenüber dem herkömmlichen Papierarchiv. Auch ein Laie sollte im System ohne Probleme Informationen finden können. Das Anzeigen und Löschen läuft analog zu Archivsystemen. Suchmaschinen im Internet (vergleiche Kapitel 4.3.1) und Online-Datenbanken gehören auch in die Kategorie der Retrieval-Systeme. Um die Informationsbreite zu vergrößern, kann das lokale Retrieval-System auch mit dem Internet verknüpft werden.

6.3 Engineering Data Management

In technischen Bereichen reicht ein herkömmliches Archivierungs- bzw. Retrieval-System nicht aus.

Für die Verwaltung von Dateien aus dem Produktionsumfeld (z. B. Konstruktions-zeichnungen) müssen EDM-Systeme (Engineering Data Management Systeme) eingesetzt werden. Die im Deutschen als EDM bezeichneten Systeme fallen im amerikanischen Sprachraum auch unter den Begriff „document management", der im Amerikanischen allgemein für elektronisches Dokumenten-Management verwendet wird.

Für die Erstellung von Zeichnungen kommen in den Betrieben heutzutage fast ausschließlich CAD-Systeme zum Einsatz. Bei einem EDM-System werden archivierte Dateien häufig abgerufen. Auch andere Mitarbeiter bearbeiten Zeichnungen weiter und hinterlegen diese dann teilweise in einer anderen Version im System. Eine Versionsverwaltung ist bei EDM-Systemen unbedingt erforderlich, beispielsweise um aus mehreren Dateien zusammengesetzte Pläne immer auf dem aktuellen Stand zu halten. Teilweise sind einzelne Konstruktionskomponenten noch nach Jahren wertvoll und können in andere Pläne eingearbeitet werden. Lese- und Schreibrechte müssen daher eindeutig definiert werden. Eine Protokollierung der Vorgänge ist sinnvoll, da Veränderungen an Zeichnungen erhebliche Konsequenzen haben können.

Die Indizierung kann relativ einfach vorgenommen werden. Bei CAD-Anwendungen existieren Kopfzeilen, die - ähnlich wie bei der Übernahme von anderen elektronischen Dokumenten (siehe Kapitel 6.1.2) - zum Eintrag in die Indexdatenbank geeignet sind. „Bei Zeichnungen ergibt sich eine zu OCR analoge Problematik bei der Erkennung von NCI." [Berndt94] Im Bereich der technischen Dokumente spricht man von Systemen zur Vektorisierung. Der Einsatz solcher Software ist jedoch nicht in jedem Fall sinnvoll. Problematisch sind bereits die großen Formate, wofür spezielle Scanner zur Verfügung stehen müssen. Einfache Elemente wie Kreise und Linien werden leicht erkannt, können aber auch relativ einfach neu erstellt werden. Bei komplexen Linienüberschneidungen sind häufig Fehler zu beobachten, die dann sehr zeitaufwendige Korrekturen nach sich ziehen. Eine Neuanfertigung einer Zeichnung kann daher eventuell effizienter sein, als sie zu vektorisieren.

6.4 Groupware

Unter Groupware versteht man Softwarelösungen, die das Arbeiten innerhalb einer Gruppe unterstützen, um deren Effizienz zu steigern. Es werden unstrukturierte Abläufe in der Arbeitsgruppe, wie Kommunikations- und Entscheidungsprozesse, erleichtert. Groupware setzt deshalb auch auf den Elementen der Bürokommunikation auf. Es handelt sich um eine Anwendung, die folgende Komponenten besitzt: Kommunikation, Terminkalender, Joint-Editing-Systeme und Datenbanken.

Kommunikation

Die Groupware unterstützt die Mitarbeiter bei der Kommunikation. Ein Werkzeug dabei ist die elektronische Post, mit der auch Dateien, die z. B. mit einem Textverarbeitungsprogramm erstellt wurden, ad hoc weitergeleitet werden können. Der Unterschied zur E-Mail besteht darin, daß keine Informationen aus der Kontrolle des Systems gelangen, da alle Nachrichten systematisch in verschiedenen Ablagen hinterlegt werden. Denkbar ist aber auch die direkte Kommunikation mittels Videokonferenzen. Beim sogenannte Shared-Screens-Verfahren handelt es sich um eine Übertragung der Bildschirminhalte in Echtzeit. Bei dieser Konferenzalternative steht jedem Teilnehmer ein Teil seines Bildschirms als gemeinsamer Bereich zur Verfügung, auf dem Änderungen von allen beobachtet und auch durchgeführt werden können.

Terminkalender

Termine einer Gruppe können einfacher koordiniert werden, da alle Mitglieder an den zentralen Kalender angeschlossen sind und alle individuellen und Gruppentermine wie Besprechungen in das System eingetragen werden. Bei Terminen außer Haus kann der Aufenthaltsort der Mitarbeiter leicht ermittelt werden. Bei Krankheit kann schnell festgestellt werden, wer eine Vertretung übernehmen kann.

Joint-Editing-Systeme

Bei Joint-Editing-Systemen können mehrere Mitarbeiter an einem Text arbeiten. Oft handelt es sich um Systeme die auf Hypertext basieren. Die Gesamtinformation, die in mehrere Einheiten unterteilt ist, wird als Knoten in einem Netzwerk gespeichert.

Datenbanken

Die drei bisher genannten Komponenten benötigen als Basis Datenbanken. Zusätzlich sind spezielle Funktionen der Datenbanken beim Einsatz in Groupware erforderlich. So müssen Abgleiche von gemeinsamen Bereichen und verteilten Datenbeständen automatisch erfolgen können. Der Zugriff auf Dokumente muß auch über Datenbanken möglich sein. Sinnvoll ist der Einsatz von elektronischen Formularen, die Daten an eine Datenbank weitergeben.

Die bekanntesten Groupware-Produkte auf dem Markt sind z. Z. Lotus Notes und Microsoft Exchange.

6.5 Workflowsysteme (Vorgangsunterstützungssysteme)

Der Begriff Workflow besitzt in der Literatur verschiedene Definitionen. Synonyme sind Geschäftsprozeß und Vorgang. Im Deutschen bezeichnen diese Begriffe häufig einen abgrenzbaren, meist arbeitsteiligen Prozeß, der zur Erstellung oder Verwertung betrieblicher Leistungen führt. „Workflow setzt Computereinsatz nicht zwingend voraus, sondern kann auch traditionell mittels Belegen, Akten und konventionellen Hilfsmitteln ablaufen." [Berndt98]. Hingegen wird im englischen Sprachraum fast immer von einer Unterstützung des Prozesses durch Computertechnologie ausgegangen. Workflow-Management wird im DIN-Fachbericht 50 definiert als „ ... Administration, Organisation und Steuerung von Workflows" und ein Workflow-Management-System als „ ... ein Hard- und Software-System zur Administration, Organisation und Steuerung von Workflows." [Bullinger98]

Durch den zunehmenden Informationsstrom in den Büros sind Mitarbeiter zunehmend auf computertechnische Unterstützung bei ihrer Arbeit angewiesen. Workflowsysteme eignen sich dabei für klar strukturierte Arbeitsabläufe. Erreicht werden soll nicht nur eine Automatisierung des Datentransports zwischen den an einem Vorgang beteiligten Personen, sondern eine Verminderung der Bedeutung der Ablaufsteuerung bei der Vorgangsbearbeitung. Die Systeme kontrollieren weitgehend den vorher definierten Arbeitsfluß und lassen dabei die Nutzer passiv. Im Gegensatz zu Groupware arbeiten Workflowsysteme über Abteilungs- und Funktionsgrenzen hinweg.

Folgende Ziele werden mit dem Einsatz eines Workflowsystems verfolgt [Berndt98]:

- Zusammenfassen und Bereitstellen von Dokumenten, Informationen und Daten nach rein organisatorischen Gesichtspunkten
- Sofortige Erledigung eines Vorgangs bei der Erstbearbeitung
- Vermeidung von Mehrfacherfassungen
- Verkürzung der Transport- und Liegezeiten zwischen den beteiligten Stellen
- Besserer Überblick für Controlling und Management über aktuelle Arbeitsbelastung, Problemfälle und Handlungsbedarf

„Um einen Workflow beschreiben zu können, müssen Ablauforganisation, Aufbauorganisation, Ressourcen und Objekte sowie Layout und Fluß von Informationen und Dokumenten definiert werden." [Bullinger98] Die Aufbauorganisation beschreibt die Stellen und Hierarchien eines Unternehmens und legt die Rollen bzw. Kompetenzen der Mitarbeiter fest. Auch Vertretungsregelungen müssen festgelegt werden. Ein Beispiel für einen Unternehmensaufbau ist der Organisationsplan der Stuttgarter Straßenbahnen AG (siehe Anhang A). Die Ablauforganisation beschreibt einzelne Tätigkeiten und die Reihenfolge bzw. Zusammenhänge der Arbeitsschritte. Abbildung 19 zeigt ein Beispiel eines Ablaufs, jede Zahl repräsentiert dabei einen Arbeitsschritt. Für die Modellierung des Workflows ist es wichtig, wiederverwendbare Strukturen zu erkennen, um den Aufwand bei der Implementierung des Systems möglichst gering zu halten.

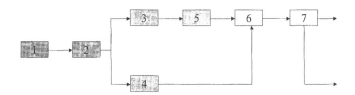

Abbildung 19: Beispiel eines Ablaufs

Das Vorgangsunterstützungssystem hat seinen Ursprung im Archivsystem. Das Workflowsystem besitzt jedoch einige zusätzliche Funktionen. So kontrolliert es die vorgegebenen Abläufe und prüft, ob die festgelegten Stellen, die ihnen zugeteilten Aufgaben erledigen.
Bei der Stuttgarter Versicherung wurde ein Vorgangsunterstützungssystem realisiert. Aufgrund der einfach strukturierten Geschäftsabläufe kann ein solches System bei einer Versicherung relativ leicht verwirklicht werden. Das Workflowsystem bei der Stuttgarter Versicherung kann als typisches Beispiel bezeichnet werden. Folgende implementierten Funktionen, in diesem Fall für den Workflow des Sachbearbeiters, finden sich auch in der Literatur wieder:

- Anzeigen
- Drucken
- Korrigieren der Indexdaten
- Information
- Kopieren
- Weiterleiten
- Zur Kenntnis
- Historie des Vorgangs

- Bearbeiten
- Erledigen (logisch löschen)
- Wiedervorlage

Bei den letzten drei Funktionen handelt es sich um die unbedingt erforderlichen Basisdienste, die dem Sachbearbeiter zur Verfügung stehen müssen.

In der Praxis ist der Einsatz eines Vorgangsunterstützungssystem ohne ein Archivsystem sinnlos. Die im Kapitel 6.1 beschriebenen Funktionen des Archivierungssystems müssen im Workflowsystem ebenfalls zur Verfügung stehen. Des weiteren ist eine Kombination von Groupware und Workflowsystem zweckmäßig. Ein zu starres System schränkt die Mitarbeiter ein; daher ist es wichtig, Spielraum für einen flexiblen Einsatz zu lassen. Arbeitsschritte müssen übersprungen, einfügt und zurückgesetzt werden können. Auch sollte das Workflowsystem Veränderungen der Abläufe ohne großen Aufwand bewältigen können.

Durch den Einsatz eines Workflowsystems werden folgende Verbesserungen erzielt:

- Direkte Verfügbarkeit sämtlicher benötigter Informationen zu einem Vorgang
- Schnelle Kommunikation
- Vereinfachte Genehmigungsverfahren
- Automatische Verteilung und auch Weiterleitung an die zuständigen Stellen
- Termingenaue automatische Erinnerungen

Verteilter Workflow in WAN-Umgebungen

Bei einem verteilten Workflowsystem handelt sich um ein System, daß über große Entfernungen hinweg arbeitet. Notwendig geworden sind solche Lösungen durch den Trend zum virtuellen Unternehmen, bei dem beispielsweise Niederlassungen über die ganze Welt verstreut sind. Abbildung 20 zeigt einen sehr einfachen verteilten Workflow. Der Dateneingang ist dabei in einer Niederlassung, während im zweiten Arbeitsschritt die Genehmigung des Vorgangs in der Unternehmenszentrale erfolgt. Das lokale Netz der Niederlassung ist über eine WAN-Verbindung mit dem LAN der Zentrale verbunden, die z. B. auch auf einem anderen Kontinent als die Niederlassung sein kann. Die lokalen Netze können auch mit Hilfe des Internets verbunden werden.

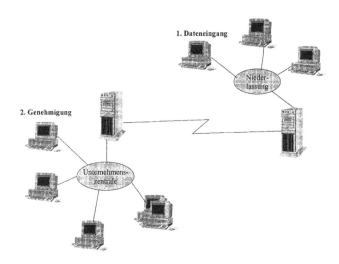

Abbildung 20: Verteilter Workflow

Bei einem verteilten Workflow werden nicht nur Applikationsdaten, sondern komplette Arbeitspakete verschoben. Das System muß in der Lage sein, mehrere Datenbanken und sogenannte Workflow-Engines zu verwalten. Arbeitsschritte müssen auf allen angeschlossenen Systemen unabhängig von der Kontrolle einer zentralen Workflow-Engine durchführbar sein.

Zur technischen Realisierung eines verteilten Workflows gibt es mehrere Möglichkeiten:

* On Demand, z. B. World Wide Web:
  Die Daten stehen auf verschiedenen bekannten Servern zur Verfügung. Der Client muß alle Server durchsuchen, um alle relevanten Informationen zu bekommen.
* Replikation, z. B. Lotus Notes:
  Alle relevanten Informationen werden auf die lokalen Systeme periodisch kopiert. Ein Zugriff ist somit jederzeit möglich. Der zeitweise Ausfall einer Verbindung zu einem Server ist somit kein Problem. Jedoch ist der Speicherkapazitätsbedarf durch die Kopiervorgänge groß. Die Replikation kann beispielsweise für wichtige Daten stündlich, für unwichtige einmal pro Tag erfolgen.
* Verteilte Online Transaction Processing Anwendungen (OLTP-Anwendungen):
  Auf allen Servern stehen die Daten online zur Verfügung. Dieser Ansatz ist am schwierigsten zu implementieren, bringt aber einen einfachen Zugriff und erlaubt eine nicht-redundante Speicherung der Daten.

Ein Workflow kann auch über mehrere Unternehmen hinweg verteilt werden. Dazu ist ein einheitliches System notwendig. Durch Standards kann eine Verbindung problemlos mit jedem anderen Vorgangsunterstützungssystem realisiert werden (vergleiche Kapitel 7.3).

Kapitel 7   Einsetzbarkeit des Dokumenten-Managements für die Abbildung des Einkaufs

Dokumenten-Management-Systeme bieten viele Vorteile bei der Büroarbeit. Ein Einsatz eines solchen Systems ist auch im Einkauf möglich. Anfragen und Ausschreibungen, die elektronisch erstellt werden, können leicht durch Datenübernahme in ein Archivsystem gebracht werden (vergleiche Kapitel 6.1.2). Für die eingehenden Anforderungen der Verdingungsunterlagen der Anbieter ist eine Übernahme ins elektronische Archivierungssystem entweder mittels Scanner (siehe Kapitel 6.1.1) möglich oder für Anforderungen, die über E-Mail oder Faxserver eingehen, kann eine Archivierung durch eine Schnittstelle bewerkstelligt werden. Die Ausschreibungsunterlagen werden meistens auch am PC erstellt und können somit wie die Ausschreibungen in ein elektronisches Archiv übernommen werden. Angebote der Verkäufer können wie die Anforderungen der Verdingungsunterlagen archiviert werden. Bei Bestellungen handelt es sich fast immer um elektronische Dokumente, die wieder durch eine Konvertierung ins Archivsystem eingestellt werden können. Auftragsbestätigungen müssen technisch wie Angebote behandelt werden. Die Kontrolle der Lieferanten kann durch Recherchefunktionen im Archivsystem schneller und einfacher durchgeführt werden. Ein elektronisches Archivsystem kann besonders die Ablagetätigkeiten und das Suchen von Dokumenten erleichtern. Eine Arbeitseinsparung bei den internen Benachrichtigungen kann dadurch erreicht werden, daß beispielsweise keine Kopien von Bestellungen mehr verteilt werden, sondern eine Anfrage der Fachabteilung an das System erfolgen kann. Zusätzlich kann ein Workflowsystem geeignete Maßnahmen unterstützen (siehe nächster Abschnitt). Weitere Vorteile, die der Einsatz eines elektronischen Archivs bringt, sind im Kapitel 6 „Dokumenten-Management" ausführlich beschrieben.

Im Einkauf ist die Verwendung eines klassischen Retrieval-Systems nicht erforderlich. Ausreichende Recherchefunktionen werden durch ein Archivsystem zur Verfügung gestellt.

Ein Workflowsystem ist besonders für die Verbesserung der internen Abläufe sinnvoll. So können beispielsweise die Bedarfsmeldungen der Abteilungen an die Einkaufsabteilung durch ein Vorgangsunterstützungssystem durchgeführt werden. Rückfragen und die Rückmeldungen an die Fachbereiche können in einem Workflowsystem abgebildet werden. Bei notwendigen Genehmigungen der angebotenen Produkte durch zuständige dritte Abteilungen vor dem Bestellen kann ein solches System besonders großen Nutzen bringen. Die Meldung des Wareneingangs (mit eventuellen Beanstandungen) an die Einkaufsabteilung kann ebenfalls mit dem Workflowsystem erfolgen. Unterstützung bei der internen Kommunikation kann durch

Mailfunktionen erhalten werden. Die internen Einsatzmöglichkeiten von Workflowsystemen sollen im Rahmen dieser Diplomarbeit nicht weiter vertieft werden. Aber auch für externe Funktionen des Einkaufs kann ein Workflowsystem die Mitarbeiter unterstützen. Dazu ist eine Verbindung der ein- und verkaufenden Unternehmen notwendig. Diese Vernetzungen können mit einem abgeschlossenen WAN realisiert werden. Jedoch wird zunehmend auch im kommerziellen Bereich das Internet genutzt, mehr dazu im Kapitel 8 „Verbindung von Dokumenten-Management und Internettechnologie".

7.1 Optimierung der Abläufe

Vor der Einführung eines Dokumenten-Management-Systems sollten die bestehenden Prozesse optimiert werden. Durch organisatorische Maßnahmen lassen sich komplexe Vorgänge vereinfachen, so daß den Fachabteilungen sofort die Arbeit erleichtert wird. Eine Abbildung von unnötigen Abläufen in ein elektronisches System ist nicht sinnvoll. Beispielsweise werden bei Ist-Analysen für die Einführung eines Dokumenten-Management-Systems oft überflüssige Dokumente oder Mehrfacherfassungen von Daten entdeckt. Auch Genehmigungs- und Bearbeitungsvorschriften sollten überprüft werden. Oft sind die gewachsenen Prozesse zu vereinfachen. Viele Vorschriften resultieren aus streng hierarchischen Organisationsformen, die heutzutage teilweise überholt sind. Daher bedarf es auch einer Anpassung dieser Vorschriften an die neue Aufbauorganisation.

Im Einkauf ist vor der Einführung eines neuen Systems besonders auf das richtige Verhältnis des Wertes einer Bestellung und dem dazugehörenden Aufwand zu achten. Für A-Teile kann ein „A-Aufwand" betrieben werden, für C-Teile hingegen sollte ein entsprechend geringerer Aufwand zur Beschaffung notwendig sein. Insbesondere bei C-Teilen ist eine Anfrage an drei verschiedene Lieferanten umstritten. Sinnvoll ist eine Konzentration des C-Teile-Einkaufs auf wenige Zulieferer. Wegen des größeren Einkaufsvolumens gewähren diese entsprechende Rabatte. Eine Qualitätssicherung für C-Teile ist fragwürdig.

Um den optimalen Einsatz eines Dokumenten-Management-Systems zu gewährleisten, müssen auch Regelungen für die Aufbewahrungszeiten der Dokumente im System, aber auch in Papierform gefunden werden. Dokumente sollten im Archivsystem automatisch nach gewissen Regeln gelöscht werden, z. B. zehn Jahre nach dem letzten Zugriff. Für manche Dokumente ist ein Original - beispielsweise zur Vorlage bei Gericht (siehe Kapitel 8.2) - unbedingt erforderlich.

Wichtig ist auch eine Überprüfung der bestehenden Formulare. Oft werden für sehr ähnliche Vorgänge verschiedene Formulare verwendet. Die Vordrucke unterscheiden sich dann nur marginal. Bei der Stuttgarter Straßenbahn AG werden z. B. für die Bedarfsmeldung der Fachabteilung an den Einkäufer vier verschiedene Vordrucke bzw. Masken verwendet. Eine Reduzierung sollte hierbei möglich sein.

Durch den Einsatz von elektronischen Formularen innerhalb des Unternehmens können Übertragungsvorgänge automatisiert werden. Ein Einsatz wäre bei der Bedarfsmeldung der Abteilungen an den Einkauf möglich. Im Rahmen dieser Diplomarbeit soll aber auf Optimierungen interner Abläufe nicht weiter eingegangen werden. Verbesserungen bei Prozessen nach Außen durch den Einsatz eines Dokumenten-Management-Systems werden im Kapitel 8 „Verbindung von Dokumenten-Management und Internettechnologie" erläutert. Auch nach der Einführung eines elektronischen Vorgangsunterstützungssystems können organisatorische Optimierungen erreicht werden. Falls das System flexibel gestaltet werden kann, entdecken Mitarbeiter durch die neue Technik schnell Vereinfachungen bei Prozeßabläufen. Dadurch, daß alle Vorgänge des Systems mit genauen Liegezeiten, Dauer und Verlauf dokumentiert werden, können im Nachhinein Probleme leicht erkannt und Verbesserungen für gleichgelagerte zukünftige Prozesse erreicht werden. Bei der Stuttgarter Versicherung wurden z. B. vor der Einführung des Workflowsystems sehr wenige organisatorische Veränderungen durchgeführt, jedoch wurden nach dem Systemstart viele Optimierungen realisiert.

7.2 Anbindung an SAP

Um einen hohen Unterstützungsgrad durch ein Dokumenten-Management-System zu erreichen, muß eine Integration in die vorhandene Software erfolgen. Wird ein neues System nicht angebunden, besteht die Gefahr, daß Prozesse doppelt abgebildet werden. Beispielsweise einmal in der operativen Anwendung und zusätzlich im Dokumenten-Management-System. Bei der Stuttgarter Straßenbahn AG können z. B. eingehende Angebote ins SAP eingepflegt werden und zusätzlich würden nun die Angebote in einem Archivsystem extra indiziert und abgespeichert. Zweckmäßig ist eine Aufgabenteilung der Systeme.

Eine Übernahme von Dokumenten, die mit SAP erstellt worden sind, z. B. Anfragen oder Bestellungen, in ein Dokumenten-Management-System ist nicht unbedingt notwendig, da im SAP alle Dokumente jederzeit reproduziert werden können. Werden intern elektronische Formulare verwendet, kann eine Archivierung und eine Übernahme der Daten ins SAP relativ einfach durch eine geeignete Schnittstelle erfolgen. Ein Beispiel hierfür ist die Bedarfsmeldung der Fachabteilung an die Einkaufsabteilung. Hierbei durchläuft das elektronische Dokument auf den vorgeschriebenen Genehmigungswegen das Unternehmen im Workflowsystem und wird anschließend im Einkauf zur Bestellung ins SAP übernommen.

Die Speicherung von gescannten Dokumenten ist im SAP-R/2 und R/3 nicht vorgesehen. Eine Archivierung muß daher durch ein Dokumenten-Management-System realisiert werden. Werden eingehende Dokumente, wie z. B. ein eingehendes Angebot, in der operativen Anwendung erfaßt, so können die gespeicherten Daten als Indexwerte in das Dokumenten-Management-System übernommen werden.

Hierfür stehen zwei Alternativen zur Verfügung:

- Programm-zu-Programm-Kommunikation
- Übertragung per Terminalemulation

Bei der Programm-zu-Programm-Kommunikation sendet SAP beispielsweise nach dem Beenden der Erfassungsmaske die Daten an das Dokumenten-Management-System. Die Übertragung ist sicher und läßt eine flexible Gestaltung zu, jedoch ist der Aufwand für die Realisierung mit R/2 erheblich.

Hingegen ist eine Übertragung per Terminalemulation kostengünstiger zu verwirklichen. Beim SAP-R/2 erfolgt der Zugriff ohnehin über eine Terminalemulation am Arbeitsplatz-PC. Die Indexwerte werden durch Tastendruck immer an einer eindeutig definierten Stelle der Maske ausgelesen und in das Dokumenten-Management-System übertragen. Ein direkter Zugriff auf SAP wird dadurch vermieden. Ein Nachteil ist, daß nur Daten übertragen werden können, die wirklich am Bildschirm zu sehen sind. Werden die Masken geändert, muß auch die Übertragungsfunktion angepaßt werden. Um falsche Indizierungen zu vermeiden, ist es sinnvoll, beim Erfassen des Dokuments auch das gescannte Abbild des Dokuments gleichzeitig neben der SAP- und der Dokumenten-Management-System-Maske am Bildschirm zu haben (siehe Abbildung 21).

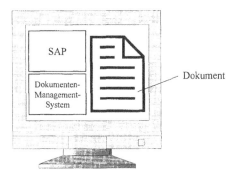

Abbildung 21: Bildschirm mit drei Fenstern

Die Integration des Dokumenten-Management-Systems kann jedoch noch weiter dadurch verbessert werden, daß dem Anwender zu jedem Datensatz im SAP automatisch das Originaldokument am Monitor angezeigt werden kann. Beispielsweise findet der Einkäufer im SAP ein bestimmtes Angebot und möchte nun, um detailliertere Informationen zu bekommen, auch das Originalangebot lesen. Bisher mußte er dazu in die Registratur gehen und das Angebot entnehmen. Durch ein Dokumenten-Management-System wird ihm diese Arbeit erleichtert und lediglich eine Anfrage an das System wird erforderlich. Ist aber nun die Anbindung ans SAP verwirklicht, genügt ein Knopfdruck in der SAP-Maske, um das Originaldokument am Bildschirm betrachten zu können. Bei Abbildung 21 wird in diesem Fall die Dokumenten-Management-System-Maske nicht benötigt.
Für die Realisation im SAP-R/3 steht eine Dokumenten-Management-System-Schnittstelle zur Verfügung, der sogenannte ArchiveLink. Über ihn kann die Anbindung relativ einfach durchgeführt werden und verschiedene namhafte Dokumenten-

Management-System-Anbieter unterstützen mit ihren Systemen diese Schnittstelle. So kann das R/3 um die Archivfunktion erweitert werden und dem Anwender Originalbelege zur Verfügung stellen. Das Dokumenten-Management-System benötigt dabei keine Indexdatenbank, da der Zugriff direkt über das sogenannte DVS (Dokumentenverwaltungssystem) von SAP erfolgt. Der ArchivLink kann beim SAP-R/3 auch zur oben beschriebenen Programm-zu-Programm-Kommunikation bei der Indizierung eingesetzt werden. R/3 unterstützt außerdem einen Workflow. Hingegen ist beim SAP-R/2 keine derart komfortable Schnittstelle vorbereitet. Eine Schnittstelle zu implementieren, ist sehr aufwendig und ohne „SAP-Spezial-Know-How" nicht zu realisieren. Eine weitere Alternative ist eine Satellitenlösung über ein zwischengeschaltetes R/3. Wie in Abbildung 22 zu sehen ist, handelt es sich um eine sehr komplexe Lösung, die als Migrationspfad sinnvoll ist.

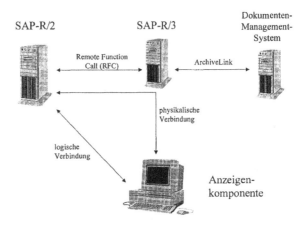

Abbildung 22: SAP-Satellitenlösung für R/2-Archivierung [Berndt98]

Die logische Verbindung besteht bei dieser Satellitenlösung zwischen dem Arbeitsplatz und dem SAP-R/2. Der Benutzer arbeitet mit der gewohnten R/2-Maske und kann auch bei der Anzeige von Originaldokumenten das R/3 und das Dokumenten-Management-System, die beide im Hintergrund arbeiten, nicht erkennen.

7.3 Standardisierung

Standards für den Datenaustausch zwischen Unternehmen werden im Kapitel 5.6 und Standardisierungen von Speichermedien werden im Kapitel 6.1.4 beleuchtet. In diesem Abschnitt werden Normen und Standards speziell aus dem Bereich der Dokumenten-Management-Systeme behandelt. Die Notwendigkeit von Standardisierungen erkennt man bereits bei der Anbindung von operativen Anwendungen, wie z. B. SAP, an Dokumenten-Management-Systeme (vergleiche voriges Kapitel). Fehlen geeignete Normen, tauchen Probleme bei der Anzeige und Indizierung von Dokumenten durch andere Programme auf. Auch für einen verteilten Workflow, beispielsweise über mehrere Unternehmen mit verschiedenen Systemen, ist ein einheitliches Datenformat unbedingt erforderlich. Um eine langfristige Verfügbarkeit von Daten eines Dokumenten-Management-System zu gewährleisten, sind Standardisierung ebenfalls unverzichtbar, da sonst z. B. alte Datenbestände von neuen Systemen nicht mehr gelesen werden können.

Im deutschen Sprachraum wird zwischen Normen und Standards unterschieden, während im englischen Sprachraum nur das Wort „standard" zur Verfügung steht. Standards werden von Normungsgremien wie DIN oder ISO verabschiedet. „De-Facto-Standards" entstehen durch die Marktmacht eines Herstellers. Man spricht in diesem Zusammenhang auch von Industriestandards, ein Beispiel dafür ist der von SAP eingeführte ArchiveLink.

Im folgenden werden einige wichtige Standards und Standardisierungsbestrebungen erläutert:

- SGML (Standard Generalized Mark-up Language)
  Das amerikanische Verteidigungsministerium hat das Ziel, einen Standard zu schaffen, der den Austausch, die Speicherung und Verwaltung von Dokumenten in elektronischer Form regelt. SGML ist der wichtigste Standard, der durch die Bestrebungen des Ministeriums festgelegt wurde. Es handelt sich um eine von der ISO festgelegte Metasprache zur Definition der logischen Dokumentenstruktur, unabhängig von Layout und Präsentation [Bullinger98]. Der Inhalt der Dokumente wird vom Layout getrennt, dadurch ist eine Recherche nach Dokumenteninhalten möglich und verschiedene Präsentationen sind realisierbar. SGML bildet die Basis für HTML.

- Workflow Management Coalition
  Die Workflow Management Coalition ist eine Vereinigung von Herstellern und Anwendern, die 1993 gegründet wurde. Ende 1997 gehörten ihr bereits über 180 Mitglieder in über 25 Ländern an. Ziel der Vereinigung ist es, durch Schnittstellendefinitionen das Marktvolumen ihrer Verkäufer zu erhöhen und gleichzeitig das Risiko des Einsatzes zu senken. Dadurch, daß der Anwender anbieterunabhängig wird und eine Integration von Vorgangsunterstützungssystemen erleichtert wird, können sich auch für die Käufer Vorteile ergeben. Ziel ist zudem, die Kommunikation von Workflowsystemen einfacher gestalten zu können.
  In Abbildung 23 ist das Referenzmodell der Workflow Management Coalition, das der erste Schritt zur Festlegung von Schnittstellen, Protokollen und Austauschformaten war, dargestellt. Aktuelle Informationen zu dieser Vereinigung sind im Internet unter der Adresse http://www.aiim.org/wfmc/ zu finden.

- DMA (Document Management Alliance)
  Die DMA wurde 1995 unter der Schirmherrschaft der AIIM (Association for
  Information and Image Management) gegründet. Ziel ist die Entwicklung eines
  Standards, der es dem Anwender ermöglicht, auf unterschiedliche Dokumenten-
  ablagen parallel mit einem Werkzeug zuzugreifen. Zudem soll auch der Zugriff von
  mehreren Desktop-Applikationen auf ein Dokumenten-Management-System
  möglich werden. Dies soll durch eine einheitliche Client-Server-Architektur für
  Dokumenten-Management-Systeme (siehe Abbildung 24) erreicht werden. Bei
  einem DMA-System existieren Zugriffspunkte für die Clients und Servicepunkte für
  die verschiedenen Dienste. „Die DMA-Middleware sorgt für die Verteilung der
  Zugriffe. Für den Client bietet DMA eine einheitliche Sicht auf alle Dokumente."
  [Kampffmeyer97].
  1997 wurde mit Hilfe eines ersten Standardentwurfs ein transparenter Zugriff auf
  verschiedene Dokumenten-Management-Systeme vorgestellt. Die Implementierung
  konnte durch beteiligte Mitglieder der Allianz mit relativ geringem Aufwand
  erfolgen. Die Version 1.0 des DMA-Standards wurde Ende 1997 veröffentlicht. Zu
  Beginn des Jahres 1998 hatte das Bündnis bereits 90 Mitglieder. Mit ersten
  Produkten ist im Laufe des Jahres 1998 zu rechnen. Die DMA publiziert die
  aktuellen Entwicklungen im Internet (http://www.aiim.org/dma/).

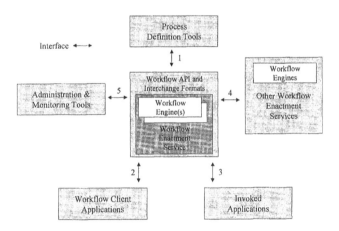

Abbildung 23: Workflow Management Coalition Architektur

- ODMA (Open Document Management API)
  ODMA ist eine standardisierte Schnittstelle zwischen Front-end-Applikation und
  der Client-Seite des Dokumenten-Management-Systems (vergleiche Abbildung 24).
  Ziel ist eine einheitliche Front-end-Applikation für verschiedene Dokumenten-

Management-Systeme. Durch diesen Standard könnte sich der Administrations- und Pflegeaufwand von Systemen reduzieren. Jedoch gibt es auf dem Markt bis heute wenig Produkte, die eine solche Schnittstelle verwenden, vielleicht aufgrund der stark eingeschränkten Funktionalität. Z. B. ist bei der Recherche keine freie Attributwahl zugelassen. ODMA ist ein erster Lösungsansatz für eine Schnittstelle, die den Zugriff auf mehrere Dokumenten-Management-Systeme erlaubt. Zwischen ODMA und DMA besteht ein wesentlicher Unterschied: Der ODMA-Standard beschränkt sich lediglich auf eine Definition auf der Client-Seite, während die Standardisierung DMA ein Bindeglied zwischen Client und Server darstellt. Nähere   Informationen   zu   ODMA   stehen   im   Internet   unter http://www.aiim.org/odma/odma.htm.

Abbildung 24: DMA- und ODMA-Standardisierung [Berndt98]

Standards werden in manchen Bereichen zu spät entwickelt, jedoch muß gerade bei der Informationstechnik bedacht werden, daß Standardisierungen, die zu früh festgelegt werden, auch die Entwicklung hemmen können. Ein Beispiel hierfür wäre eine heutige Normierung der Datenkapazität einer DVD, obwohl die technischen Grenzen noch lange nicht erreicht sind.
Teilweise sind die Standards im Bereich der Dokumenten-Management-Systeme schwierig zu implementieren. Die dargestellten Bestrebungen werden jedoch langfristig die Arbeit mit Dokumenten-Management-Systemen sowohl für die Anbieter als auch für die Anwender erleichtern.

Kapitel 8   Verbindung von Dokumenten-Management und Internettechnologie

In diesem Kapitel soll eine Kombination von Dokumenten-Management-Systemen und Internettechnologie analysiert werden. Der Schwerpunkt liegt dabei auf einem Einsatz im Bereich Einkauf. In den folgenden Unterkapiteln soll auch auf die speziellen Belange der Stuttgarter Straßenbahnen AG eingegangen werden.

Um Dokumente in einem Dokumenten-Management-System betrachten zu können, muß ein geeigneter Viewer zur Verfügung stehen. Bei einer Nutzung des Internets wird ein Browser benötigt, um die Files zu betrachten. Will man nun beide Technologien nutzen, ist es sinnvoll, lediglich einen Viewer zu verwenden. Es bietet sich die Verwendung eines Browers an, der sowohl die Dateien aus dem Internet als auch Dokumente aus einem Dokumenten-Management-System anzeigen kann. Zu beachten ist dabei, daß die Dateien des Dokumenten-Management-Systems in einem für den Browser verständlichen Format gespeichert werden.

Vorteilhaft ist die Abspeicherung als CI-Dokument, um eventuell nachträglich eine Bereitstellung der Texte in HTML zu realisieren. Verweise können dann durch Hyperlinks benutzerfreundlich gestaltet werden. In der Praxis ist ein solches Vorgehen sehr aufwendig und aus Rentabilitätsgründen oft nicht zu verwirklichen.

Auf dem Arbeitsplatzbildschirm sollten sich in drei Fenstern folgende Anwendungen befinden: Die operative Anwendung, z. B. SAP, das Dokumenten-Management-System und der Browser, der beispielsweise ein Dokument anzeigt (vergleiche Abbildung 21). Falls die Indizierung in einer Datenbank und die Abspeicherung so realisiert werden kann, daß die Recherche der Dokumente über eine geeignet implementierte WWW-Maske erfolgen kann, so benötigt der Anwender nur noch zwei Anwendungen. Auf die Dokumenten-Management-System-Maske könnte dann verzichtet werden und der Workflow müßte über E-Mail-Funktionen im Browser unterstützt werden. Grundsätzlich sollten die Anwender nicht mit unnötig vielen verschiedenen Anwendungen bzw. Masken belastet werden. Sinnvoll ist eine Beschränkung auf unbedingt notwendige Funktionen. Denkbar ist z. B. auch, daß für die Nutzung des WWW keine spezielle Browsersoftware am Bildschirm sichtbar ist. In der vorhandenen Dokumenten-Management-System-Maske muß dann eine Funktion zur Auswahl von WWW-Seiten zur Verfügung stehen; die Anzeige der Seiten kann dann durch einen „dummen" Viewer erledigt werden.

Zunächst sollen im Bereich des Einkaufs die Nutzungsmöglichkeiten des Internets und eines gekoppelten lokalen Dokumenten-Management-Systems betrachtet werden. Im folgenden Abschnitt wird der ausschließliche Einsatz der beiden Technologien zur Abwicklung der Einkaufsfunktion vorausgesetzt. In der Praxis ist diese Annahme nicht realistisch, insbesondere in einer Umstellungsphase wird häufig die gleichzeitige

Verwendung von elektronischen Dokumenten und Papierdokumenten auftreten. Eine Übernahme von Papierdokumenten in das System kann mit Hilfe eines Scanners bewerkstelligt werden, wie in den Kapiteln 6 bzw. 7 bereits dargestellt. Nach der Erfassung im System wird mit diesen Dokumenten genau wie mit den anderen elektronischen Dokumenten verfahren, und eine Unterscheidung des weiteren Ablaufs ist nicht notwendig.

Zunächst entsteht in einer Abteilung ein Bedarf. Die Meldung an den Einkäufer kann durch das interne Workflowsystem realisiert werden. Die Bedarfsmeldung wird im System abgelegt und sollte vom Einkäufer in die operative Anwendung übernommen werden können. Es schließt sich der externe Prozeß an.

Bei der Betrachtung des externen Einkaufsprozesses muß deutlich zwischen ausgehenden und eingehenden Dokumenten unterschieden werden. Ausgehende Dokumente werden intern mit Hilfe der EDV, häufig mit der operativen Anwendung, z. B. SAP, erstellt und dann verschickt. Im Bereich des Einkaufs handelt es sich dabei um Anfragen, Ausschreibungen, Verdingungsunterlagen und Bestellungen. Diese Dokumente sollten durch geeignete Schnittstellen als E-Mails via Internet übertragen und im Archivsystem hinterlegt werden können. Die Zahl der Anfragen kann jedoch durch sinnvolle Nutzung des Internets reduziert werden (siehe Kapitel 5.2 und 5.3). Erfolgt eine Bestellung in einem Online-Shop, so müssen die Daten - sofern keine geeigneten Standards existieren - doppelt eingegeben werden, einmal in der WWW-Maske und zum anderen in der operativen Anwendung.

Eingehende Dokumente werden von einer externen Firma erstellt, im wesentlichen zählen dazu im Einkauf folgende drei Dokumententypen: Anforderungen der Verdingungsunterlagen, Angebote und Auftragsbestätigungen. Es wird angenommen, daß die Dokumente als E-Mails aus dem Internet an den zuständigen Einkäufer adressiert sind (vergleiche Abbildung 25). Eine Übernahme in das Dokumenten-Management-System sollte mit einer automatischen Vorindizierung mit dem Namen des Einkäufers erfolgen können. Eine automatische Datenübernahme in die operative Anwendung ist nur bei einer vorhandenen Standardisierung möglich. Bei vielen Systemen müssen daher die notwendigen Daten beispielsweise ins SAP manuell eingepflegt werden. Die genaue Indizierung sollte grundsätzlich vom zuständigen Sachbearbeiter durchgeführt werden. Eine vollautomatische Indizierung und Datenübernahme bei Angeboten ist nur denkbar, falls vom einkaufenden Unternehmen entsprechende WWW-Masken bereitgestellt werden. Jedoch wird eine solche Lösung aufgrund der mangelnden Akzeptanz der Anbieter nicht realisierbar sein.

Muß nach dem Einholen von Angeboten eine interne Genehmigung durch eine andere Abteilung erfolgen, bevor die Waren durch den Einkauf bestellt werden, kann dieser Prozeß im Workflowsystem abgebildet werden. Die eingegangenen Angebote stehen im Archivsystem zur Verfügung und die genehmigende Abteilung kann durch das Workflowsystem leicht diese Dokumente zur Prüfung bekommen. Die Freigabe sollte in einer automatisierten Form möglichst schnell erteilt werden. Auch der Wareneingang kann seine Meldung an den Einkauf durch das Workflowsystem automatisiert bewerkstelligen.

Für die Realisierung eines verteilten Workflows über große räumliche Distanzen empfiehlt sich der Einsatz des Internets. Der Vorteil eines verteilten Workflowsystems

mit Hilfe des Internets gegenüber den in Kapitel 4 beschriebenen Internetbasisdiensten ist die vollständige Automatisierbarkeit der Abläufe.
Wird im einkaufenden und im verkaufenden Unternehmen ein Dokumenten-Management-System eingesetzt und ist eine Verbindung der beiden Systeme über Internet möglich - dazu sind geeignete Schnittstellen notwendig - kann der Einkaufsprozeß weiter vereinfacht und dadurch noch schneller abgewickelt werden.
Steht ein verteiltes Workflowsystem für das einkaufende und verkaufende Unternehmen zur Verfügung, so kann die in diesem Kapitel bereits beschriebene Übernahme der eingehenden Dokumente entfallen, da auf diese direkt im gemeinsamen System zugegriffen werden kann.

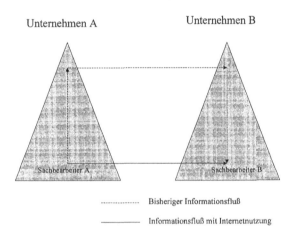

Abbildung 25: Das Internet unterstützt flache Hierarchien

Außerdem bietet diese Technik auch die Chance, Prozesse von Grund auf zu ändern. Möglich wäre eine Auswahl von Artikeln direkt durch einen Besteller in jeder Fachabteilung. Der Besteller könnte vom Einkauf eine Legitimation und ein festes Budget bekommen. Des weiteren müßte die Einkaufsabteilung mit den an das Workflowsystem angeschlossenen Lieferanten entsprechende Rahmenverträge abschließen. Die Kontrolle und Auswertung der Bestellungen könnte dabei zentral im Einkauf bleiben. Abbildung 26 zeigt einen möglichen Ablauf.

Zuerst wählt die Fachabteilung via Internet ein Produkt aus dem elektronischen Katalog aus. Der Lieferant teilt den Preis in einer sogenannten Bestellanforderung an die Einkaufsabteilung des Abnehmers automatisch mit. Daraufhin bestellt der Einkäufer die Ware verbindlich beim Lieferanten über das Workflowsystem. Die Auftragsbestätigung wird wiederum automatisch an das abnehmende Unternehmen versandt. Die Lieferung erfolgt daraufhin direkt in die Abteilung, in der der Bedarf besteht.

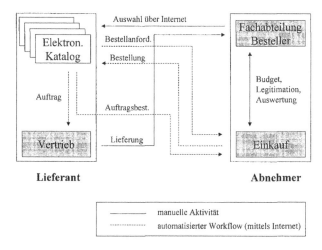

Abbildung 26: Internetbasierte Beschaffung mit automatisiertem Workflow

Ein solches Verfahren kann für den Einkauf von C-Teilen sinnvoll eingesetzt werden.

8.1 Technische Realisierbarkeit

8.1.1 Notwendige Systemvoraussetzungen

Zur Nutzung der Internettechnologie und eines Dokumenten-Management für den Workflow sind geeignete Systemvoraussetzungen notwendig.

Um das Internet sinnvoll im Bereich des Einkaufs einsetzen zu können, sollte ein permanenter Internetanschluß vorhanden sein, der durch eine Firewall geschützt wird. Das Herstellen einer Verbindung für jeden Zugriff - was oft zu Verzögerungen führt - ist unkomfortabel. Bei der Verwendung von E-Mails müßte bei einer temporären Anbindung eine regelmäßige Replizierung von ein- und ausgehenden Nachrichten erfolgen. Da Kommunikationspartner auf kurze Reaktionszeiten eingestellt sind, könnte ein solches Vorgehen aufgrund langer Antwortzeiten zu Akzeptanzproblemen führen.

Für das Dokumenten-Management-System wird ein eigener Server benötigt, der zur Imagespeicherung über eine ausreichend große Festplatte verfügen muß. Um Datenbestände auslagern zu können, müssen an diesen Server Jukeboxen (vergleiche Kapitel 6.1.4) angeschlossen werden.

Des weiteren sollte ein Fax-Server, der Faxe senden und empfangen kann, eingesetzt werden. Eingehende Faxe stehen dadurch gleich in elektronischer Form zur Verfügung, und bei der Übernahme in das Dokumenten-Management-System kann somit der Einscannvorgang eingespart werden.

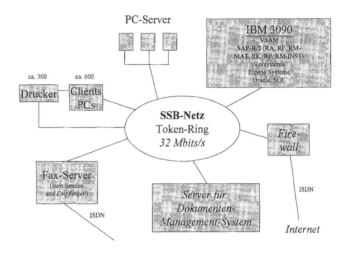

Abbildung 27: Notwendige Systemkomponenten

Bei den Stuttgarter Straßenbahnen AG muß das Netz (Abbildung 1) für die Realisierung eines workflowgestützten Interneteinsatzes um einige Komponenten erweitert werden. In Abbildung 27 sind die Änderungen des Systems kursiv gedruckt. Besonders zu beachten ist dabei, daß die Übertragungsrate des Token-Rings für das Dokumenten-Management-System erhöht werden sollte, falls viele NCI-Dokumente verwaltet und transportiert werden müssen. Wird die Anbindung eines Dokumenten-Management-Systems ans SAP-R/2 mit Hilfe der Satellitenlösung (siehe Abbildung 22) realisiert, so ist zusätzlich ein SAP-R/3-Server notwendig.

8.1.2 Datenaustausch mit Lieferanten über Internet

Um Informationen über Lieferanten im Internet zu bekommen oder via Internet mit ihnen zu kommunizieren, müssen diese ebenfalls einen Anschluß ans Internet besitzen. Der Einsatz des Internets im kommerziellen Bereich ist weit verbreitet. Im folgenden sind einige zufällig ausgewählte Lieferanten der Stuttgarter Straßenbahnen AG aufgeführt (Tabelle 1).

Lieferant der SSB:	für:		arbeiten mit Internet?

Bierbrauer + Nagel.... Büromaterial .... ja .... (ab Herbst 1998)
Ferdinand Gross .... Schrauben .... nein
Hahn & Kolb .... Werkzeuge .... ja .... http://www.hahn-kolb.de/
Hommel Hercules ..... Werkzeuge .... nein
Kaiser + Kraft .... Büroausstattung .... ja .... http://www.kaiserkraft.de/
Mercedes Benz.......... Omnibusse .... ja .... http://www.mercedes-benz.de/
Ritto......................... Sprechanlagen....... ja .... http://www.ritto.de/
SKF .... Kugellager .... ja .... http://www.skf.com/

Tabelle 1: Einige Lieferanten der SSB: Wird das Internet genutzt?

Über die Unternehmen, die im Internet vertreten sind, erhält man auf deren Homepage teilweise nur sehr spärliche Informationen. Nicht alle Lieferanten stellen z. B. einen aktuellen Produktkatalog im Internet zur Verfügung oder ermöglichen ihren Mitarbeitern eine Kommunikation mittels E-Mail. Die Firmen müssen gezielt auf eine Erweiterung ihres Internetangebots angesprochen werden. Nur durch Gespräche und Verhandlungen mit den Lieferanten kann erreicht werden, daß ein elektronischer Datenaustausch mit ihnen möglich wird. Für automatische Datenübernahmen müssen erst geeignete Datenformate und Schnittstellen individuell definiert und erstellt werden (vergleiche Kapitel 5.5 und 5.6).
Die Firma Hahn & Kolb bietet beispielsweise ihren Kunden verschiedene elektronische Kataloge und Bestellverfahren an. Eine Möglichkeit ist das Bestellen über Modem. Zudem wird die Verwendung von EDIFACT zum automatischen Datenaustausch zwischen den Unternehmen angeboten.

8.1.3 Konzeption eines Dokumenten-Management-Systems

In diesem Abschnitt soll eine Konzeption eines Dokumenten-Management-Systems vorgestellt werden. Für das Modell wird dann die genaue Datenstruktur erstellt.
Ein Dokumenten-Management-System muß Dokumente aufnehmen, verwalten und später wieder den Nutzern zur Verfügung stellen. Hierbei ist zu beachten, daß nicht jeder Benutzer jedes Dokument einsehen darf, da manche beispielsweise vertrauliche Informationen enthalten. Daraus ergibt sich die Notwendigkeit der Einführung von verschiedenen Nutzungsrechten für die einzelnen Benutzer und Dokumente. Wie in Kapitel 6.1.5 dargestellt, ist zum Wiederauffinden von Dokumenten nach bestimmten Schlagwörtern in einem System auch eine Volltextrecherche notwendig.
Aus diesen Anforderungen ergeben sich somit folgende drei Entitäten: *Dokument*, *Benutzer* und *Wort*. Die meisten Dokumente enthalten Worte. Zwischen den Entitäten *Benutzer* und *Dokument* gibt es mehrere Beziehungen: Dokumente werden von Benutzern erstellt, dürfen genutzt und geändert werden. Bei einem integrierten Workflowsystem werden zusätzlich bestimmte Dokumente ausgewählten Nutzern automatisch zugeteilt. Daraus ergibt sich das konzeptionelle Modell (Abbildung 28).

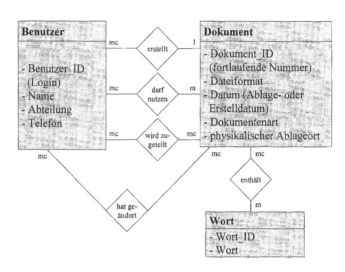

Abbildung 28: Konzeptionelles Modell eines Dokumenten-Management-Systems

Um Dokumente einfach wiederfinden zu können, ist es notwendig, diese durch Attribute sinnvoll zu bestimmen. Abbildung 28 zeigt charakteristische Daten, die für Dokumente gespeichert werden sollten. Dokumentenart beschreibt die Art des Vorgangs, z. B. Angebot, Bestellung, usw. Um das Dokument abrufen zu können, muß auch der physikalische Ablageort eindeutig hinterlegt sein.

Für den Benutzer sollten neben dem notwendigen Login und dem Namen ebenfalls Abteilung und Telefonnummer angegeben werden. Eine Ergänzung der Attribute des Benutzers, z. B. die Raumnummer des Büros, kann für manche Firmen notwendig sein. Die Entität *Wort* besteht prinzipiell nur aus Wörtern; zur einfacheren Handhabung ist die Einführung einer numerischen Wort_ID sinnvoll. Es werden nur Wörter aufgenommen, die in Dokumenten vorkommen, daher kann ein Wort nicht in keinen Dokument vorkommen. In Abbildung 28 steht daher bei der Entität *Wort* „m".

Die Beziehungen in diesem Modell sind nach den obigen Voraussetzungen dargestellt. Jedes Dokument wird vor genau einem Benutzer erstellt. Bei der Beziehung „darf nutzen" wird davon ausgegangen, daß zumindest der Urheber des Dokuments - bei Dokumenten von außerhalb - ein Empfänger Nutzungsrechte bekommt. Änderungen der Dokumente müssen festgehalten werden. Auf eine Versionsverwaltung der Dokumente wurde in diesem Modell verzichtet, da im Bereich des Einkaufs in der Regel alte Versionen eines Dokuments nicht von Interesse sind.

Verwendet man die obige Konzeption, so werden in einer relationalen Datenbank für ein Dokumenten-Management-System acht Tabellen benötigt, die in Tabelle 2 dargestellt sind. Der genaue Aufbau der einzelnen Tabellen, auch mit den notwendigen Attributen, befindet sich im Anhang B.

| Benutzer |
| Dokumentenliste |
| Wortliste |
| darf_nutzen |
| wird_zugeteilt |
| enthält |
| Stopwortliste |
| hat_geändert |

Tabelle 2: Die Tabellen in einem Dokumenten-Management-System

Eine Beziehung kann in eine Tabelle integriert werden, falls der Komplexitätsgrad einer Entität „1" ist. Bei dem konzeptionellen Modell in Abbildung 28 ist dies bei der Beziehung „erstellt" der Fall. Die Tabelle Dokument erhält somit als zusätzliches Attribut den Ersteller, der durch die Benutzer_ID festgelegt wird. Falls es sich um ein Dokument handelt, das von einer externen Person angefertigt und dann ins interne Dokumenten-Management-System übernommen wurde, wie beispielsweise Angebote von Lieferanten, so wird für den Ersteller die Benutzer_ID „extern" vergeben. Dadurch kann jeder Nutzer des Systems sofort erkennen, daß es sich um keine interne Information handelt.

Die Dokumentenart wird zur einfacheren Indizierung durch Abkürzungen der verschiedenen Vorgänge bestimmt, z. B. „Best" für eine Bestellung.

Die Tabelle Dokumentenliste wurde in dieser Datenstruktur im Kapitel 6 „Dokumenten-Management" als Indexdatenbank bezeichnet.

Bei der Tabelle „darf_nutzen" werden neben der Benutzer_ID und der Dokument_ID die Benutzerrechte eingetragen: „r" steht für read (darf lesen) und „w" für write (darf schreiben bzw. überschreiben und löschen).

Eine Dokumentation der Vorgänge mit Datum ist besonders bei der Tabelle „wird_zugeteilt" wichtig, um rekonstruieren zu können, wann ein Mitarbeiter das entsprechende Dokument bekommen hat. Auch bei der Tabelle „hat_geändert" ist ein Datumsvermerk erforderlich, beispielsweise um nachvollziehen zu können ob ein Dokument nach der Zuteilung an einen Mitarbeiter noch geändert wurde.

Zur vernünftigen Verwendung einer Volltextrecherche ist es notwendig, eine Stopwortliste zu führen (siehe Kapitel 6.1.3). In diese Liste werden alle Worte, die nicht für eine Suche geeignet sind, eingetragen, wie beispielsweise Artikel. Die Stopwortliste ist auch notwendig, um die Wortliste nicht unnötig groß werden zu lassen.

Die beschriebenen Tabellen sollen der sogenannten Normalisierung entsprechen. Es handelt sich bei dem Begriff der Normalisierung um Regeln für relationale Datenbanken. Ziel ist eine sinnvolle Abbildung der Realität unter den Bedingungen der Redundanzfreiheit, der Datenintegrität und der Datenkonsistenz.

Gewöhnlich kommen die ersten drei Normalformen zur Anwendung, die wie folgt lauten [Stickel92]:

- Erste Normalform:
  Eine Relation ist in erster Normalform, wenn alle Attribute atomar sind.

- Zweite Normalform:
  Eine Relation ist in zweiter Normalform, falls sie in erster Normalform ist, und jedes Nichtschlüsselattribut voll funktional vom Primärschlüssel abhängig ist.

- Dritte Normalform:
  Eine Relation ist in dritter Normalform, falls sie in zweiter Normalform ist, und keine transitiven Abhängigkeiten zwischen Primärschlüsselattributen und Nichtschlüsselattributen vorliegen.

Alle Attribute der Tabellen in Anhang B sind elementar, daher ist die erste Normalform erfüllt. Die zweite Normalform wird aufgrund der einelementigen Primärschlüssel nicht verletzt. Die dritte Normalform ist ebenfalls erfüllt. Somit sind die Tabellen der relationalen Datenbank normalisiert.

Bei der Speicherung der Dokumente sollten die Hinweise in Kapitel 6.1.4 beachtet werden.

Schnittstellen und Arbeitsplatzausstattung

Die Schnittstellen zwischen den verschiedenen Anwendungen müssen wie bereits beschrieben (siehe Kapitel 7.2 und 7.3) erstellt werden. Am Arbeitsplatz sollte SAP, ein Dokumenten-Management-System mit Viewer und das Internet genutzt werden können. Die Fenster sind idealerweise wie in Abbildung 21 aufgeteilt.

8.2 Rechtliche Betrachtung

Die elektronische Datenübertragung wird rechtlich im gleichen Zug mit der Telefax-Kommunikation erörtert. Folgende Punkte sind hierbei zu beachten [Witte98]:

- Prozessuale Zulässigkeit der Einreichung elektronischer Dokumente
- Risikozuweisung bei technischen Störungen
- Beachtung weiterer formeller Erfordernisse

Für die Wirksamkeit digitaler Erklärungen wird unter zivilrechtlichen Aspekten der Begriff der Willenserklärung und der Zugang beim Erklärungsempfänger relevant. Bei einer elektronischen Mitteilung ist eindeutig, daß es sich um eine Willenserklärung handelt. Selbst wenn die Erklärung durch einen einfachen Mausklick zustande kommt, liegt bereits die Erklärungshandlung und der Erklärungswille vor. Für Rechtsgeschäfte, die der gesetzlichen Schriftform bedürfen, ist der Einsatz von elektronischen Medien aufgrund der fehlenden Unterschrift ausgeschlossen.

„Das Wirksamwerden einer Erklärung ist von ihrem Zugang beim Empfänger abhängig, § 130 I BGB." [Witte98] Eine elektronische Mitteilung wird nach den Regeln des Zugangs unter Abwesenden beurteilt. Also gilt eine digitale Nachricht als zugegangen, wenn sie nicht nur abgerufen werden kann, sondern dann, wenn nach der Verkehrsanschauung ein Abruf zu erwarten ist. Ein konkreter Zeitrahmen für die Kenntnisnahme von elektronischen Nachrichten besteht jedoch derzeit noch nicht.

In zivilprozeßrechtlicher Hinsicht hat die Urkunde den höchsten Beweiswert, da der Richter an den Inhalt der Urkunde gebunden ist. Da elektronischen Dokumenten die erforderliche Schriftform fehlt, besitzen sie keine Urkundenqualität.

Das digitale Dokument ist innerhalb der Beweismittel der ZPO als Augenscheinsobjekt einzuordnen und unterliegt somit der freien Beweiswürdigung des Richters, § 286 II ZPO [Witte98]. Hält der Richter die neue Technik für unsicher und manipulierbar wird er die digitalen Dokumente bei einer Entscheidung nicht berücksichtigen. Es entsteht also durch den Einsatz elektronischer Dokumente ein gewisses Prozeßrisiko. Dieses Risiko kann mit sich durchsetzenden gesetzlichen Sicherheitsstandards, z. B. für die digitale Signatur (siehe Kapitel 8.2.1), vermindert werden.

Durch vertragliche Vereinbarungen - beispielsweise mit Lieferanten - kann versucht werden, Rechtssicherheit beim Einsatz von digitalen Medien zu erreichen. Es kann vereinbart werden, daß Verträge mit elektronischen Erklärungen abgeschlossen oder geändert werden können. Um Störungen der Technik rechtzeitig erkennen zu können, ist es sinnvoll, eine Regelung für digitale Empfangsbestätigungen der Erklärungen zu vereinbaren. Die Vereinbarung sollte ebenfalls Details über die zum Einsatz kommende Technik enthalten. Solche Regelungen haben bei Schiedsstellen Bestand, sind jedoch bei ordentlichen Gerichtsverfahren nicht gültig.

Bei der Verwendung eines Dokumenten-Management-Systems werden die Original-dokumente spätestens nach dem Eingang im Unternehmen durch einen Scanner in elektronische Form gebracht. Rechtlich werden die gescannten Dokumente wie Kopien behandelt. Die vorigen Abschnitte über digitale Dokumente ohne Unterschrift gelten genauso für die eingescannten Dokumente; sie unterliegen in einem Zivilprozeß ebenfalls der freien Beweiswürdigung des Richters.

Bei der Stuttgarter Versicherung wird zur Verteilung der eingehenden Post bereits ein Dokumenten-Management-System eingesetzt (siehe Kapitel 6.5). Aufgrund der noch unklaren rechtlichen Situation werden bei dieser Versicherung die eingehenden Originaldokumente nicht vernichtet, sondern in einer externen Lagerhalle aufbewahrt. Die Kosten halten sich bei dieser Maßnahme in Grenzen, da eine Sortierung nur nach Eingangstag erfolgt. Zur Vorlage bei einem Zivilprozeß, kann mit einigem Aufwand ein Originaldokument wiedergefunden werden. Dies kann bei einem hohen Streitwert wichtig sein. Bei der Stuttgarter Versicherung ist jedoch ein solcher Fall bisher noch nie eingetreten.

8.2.1 Elektronische Unterschrift

Die digitale Signatur soll dem Empfänger elektronischer Nachrichten Gewißheit über die Identität des Absenders und die Integrität der Daten geben.

Die Originalmitteilung wird vom Ersteller mittels einer Hashfunktion komprimiert und anschließend mit seinem sogenannten privaten Schlüssel - der geheim ist - nach einem vorgegebenem Rechenverfahren verknüpft. Das Ergebnis ist die sogenannte digitale Unterschrift. Sie wird zur Übertragung im Netz der eigentlichen Nachricht angehängt. Der Empfänger der Mitteilung beschafft sich von der Zertifizierungsstelle den öffentlichen Schlüssel des Absenders. Nach dem Eingang entschlüsselt er damit die elektronische Unterschrift. Anschließend vergleicht er das Ergebnis mit dem durch die Hashfunktion erhaltenen Komprimat des empfangenen Originaltextes. Stimmen beide Werte überein, ist die Authentizität des Senders und die Integrität des Inhalts der elektronischen Mitteilung gewährleistet (siehe Abbildung 29). Bei diesem kryptographischen Verfahren werden selbst marginale Veränderungen des Textes, z. B. das Verschieben eines Kommas, sofort erkannt.

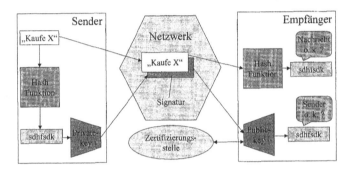

Abbildung 29: Das Verfahren der digitalen Signatur [Berndt98]

Jede Signatur ist für einen Sender und eine bestimmte Nachricht einmalig. Eine Verschlüsselung des Textes vor der Übertragung kann für vertrauliche Nachrichten auch bei der Verwendung einer elektronischen Unterschrift, z. B. mit PGP, durchgeführt werden.
Die Zertifizierungsstelle ist für die Ausstellung und Verwaltung der öffentlichen Schlüssel verantwortlich. Bei einem sogenannten Zertifikat handelt es sich um eine elektronische Bekanntmachung, die den Namen und den öffentlichen Schlüssel einer bestimmten Person enthält. Um Fälschungen zu verhindern, sind diese Informationen durch die Zertifizierungsautorität digital signiert. Vor der Ausstellung eines Zertifikats muß der Antragsteller seine Identität beispielsweise mit einen Personalausweis nachweisen. Durch die Zertifizierungsstelle als „vertrauenswürdigem" Dritten wird somit sichergestellt, daß ein öffentlicher Schlüssel einer bestimmten Person gehört, und einer empfangenen Nachricht eindeutig diese Person als Absender zugeordnet werden kann.
Für die digitale Signatur existiert ein gesetzlicher Sicherheitsstandard. Die Verfahren der elektronischen Unterschrift, die diesem Standard entsprechen, gelten als sicher. Daraus lassen sich jedoch keine weitergehenden Rechtsfolgen ableiten. Zivil- und

zivilprozeßrechtlich werden elektronische Dokumente mit digitaler Unterschrift wie solche ohne behandelt (siehe voriges Kapitel).
Die Bundesnotarkammer hat vorgeschlagen als Alternative zur gesetzlichen Schriftform die digitale Form zuzulassen. Voraussetzung dazu ist die elektronische Unterschrift zur Identifikation, die unlösbar mit dem Text verbunden sein soll.

In Zukunft ist es durchaus denkbar, daß die digitale Signatur in weitere Gesetze miteinbezogen wird und sich daraus auch zivil- und zivilprozeßrechtliche Folgen ergeben. Es könnte sich aber auch die Ansicht durchsetzen, daß die elektronische Unterschrift, die den gesetzlichen Standards entspricht, hochgradig sicher ist. Sie würde dann ein Indiz für Fälschungssicherheit der Daten und der Authentizität des Absenders sein. Richter würden somit im Rahmen der freien Beweiswürdigung Dokumente, die mit digitaler Unterschrift versandt wurden, als Beweismittel berücksichtigen. Dann wäre eine gesetzliche Änderung überflüssig.
In diesem Zusammenhang erweist sich lediglich noch der Beweis des Zugangs einer elektronischen Nachricht als schwierig.
Bei internationalen Geschäften, bei denen die elektronische Unterschrift zum Einsatz kommen soll, können Probleme durch andere gesetzliche Regelungen und abweichende technische Verfahren entstehen. Die Anerkennung ausländischer Zertifikate und Zertifizierungsstellen ist noch nicht eindeutig geregelt.

8.3 Wirtschaftlichkeitsbetrachtung für die SSB

Nachfolgend wird ein Internetsystem unterlegt mit einem Dokumenten-Management-System kurz als „System" bezeichnet.
In diesem Kapitel soll die Einführung eines neuen Systems unter wirtschaftlichen Gesichtspunkten betrachtet werden. Zunächst werden die Kosten beleuchtet. Im darauffolgenden Unterkapitel geht es um den Nutzen des neuen Systems, in dem auch die Prozeßkostenreduzierung eine wichtige Rolle spielt.

8.3.1 Kosten eines neuen Systems

Internetbasiertes System

Das Internet kann mit relativ geringem finanziellem Aufwand genutzt werden. Benötigt wird ein geeigneter Internetserver und eine Firewall (vergleiche Kapitel 5.7). Am PC der Mitarbeiter müssen Internetbrowser zur Verfügung stehen. Ein bestehendes Netzwerk reicht in der Regel zur Verbindung der Clients mit dem Server aus.
Für einen leistungsfähigen Server muß mit Anschaffungskosten von ca. DM 10.000,-- gerechnet werden. Die Kosten für die Verbindung zum Internet sind von der Art der Anbindung (z. B. über ISDN-Leitungen) abhängig. Die Domain-Gebühr für einen Server in Deutschland beträgt einmalig ca. DM 100,-- und DM 600,-- pro Jahr. Firewall-Software ist manchmal sogar kostenlos zu bekommen. Einen wirkungsvollen Schutz kann man jedoch nur durch ständige intensive Arbeit erreichen (vergleiche Kapitel 5.7, Abschnitt: „Firewall"). Browser sind teilweise als Freeware zu bekommen.

Beim Kauf eines Betriebssystems von Microsoft wird beispielsweise der Internet Explorer kostenlos mitgeliefert. Des weiteren ist zu bedenken, daß beim laufenden Betrieb zusätzlich Wartungskosten anfallen können.

Dokumenten-Management-System

Dokumenten-Management-Systeme sind spezielle Lösungen, die käuflich erworben werden müssen. Es wird ein Server mit entsprechender Software und für jeden Arbeitsplatz-PC die Client-Software des Systems benötigt.. Die Verbindung zwischen Server und PCs muß durch ein sehr leistungsfähiges Netz hergestellt werden. Eventuell ist eine Erweiterung des bestehenden Netzes notwendig (siehe Kapitel 8.1). In der Regel richtet sich der Preis eines Systems nach der Anzahl der daran beteiligten Arbeitsplätze. Eine Lizenz für einen Arbeitsplatz kann beispielsweise DM 2.000,-- kosten. Der Preis kann sich bei besonderen Anforderungen, insbesondere bei speziellen Schnittstellen, schnell vervielfachen. Bei Dokumenten-Management-Systemen ist eine gute PC-Ausstattung notwendig. Große Monitore (ab 20″) und ausreichend Arbeitsspeicher (je nach Betriebssystem) sind wichtig und verursachen zusätzliche Kosten. Bei der Einführung sind ferner Schulungskosten einzuplanen. Zudem muß mit laufenden Betriebs- und Wartungskosten gerechnet werden.

8.3.2 Nutzen eines neuen Systems

Um den Nutzen eines Einsatzes des Internets unterlegt mit einem Dokumenten-Management im Bereich des Einkaufs genauer darzustellen, müssen die bisherigen Prozesse mit den neuen Abläufen, die mit Hilfe der neuen Technik realisiert werden können, verglichen werden.

In Abbildung 30 wird zunächst der Ausschreibungsprozeß betrachtet. Man stellt schnell fest, daß beim bisherigen Ablauf wesentlich mehr Arbeitsschritte notwendig sind. Auch kann durch die Unterstützung des Einkäufers mit einem neuen System die Ausschreibung in einem Zuge erledigt werden, während bisher der Prozeß durch externe Abläufe unterbrochen wird. Durch die neue Technik können die Verdingungsunterlagen wesentlich schneller als bisher bei den Anbietern sein. Die einzelnen Arbeitsschritte der Mitarbeiter sind durch die neue technische Unterstützung wesentlich schneller abzuwickeln, wie beispielsweise die Veröffentlichung einer Ausschreibung im Internet, die nur wenige Mausklicke benötigt, schneller geht als der Versand von Ausschreibungsunterlagen (vergleiche Abbildung 30, jeweils zweiter Kasten). Den Einkäufern wird durch das neue System die Arbeit erleichtert, und sie sparen Zeit ein.

In Abbildung 31 wird dargestellt wie im Einkauf der Ablauf nach dem Erhalt der Angebote aussehen kann. Durch ein neues System können wieder einige Arbeitsschritte entfallen. Beispielsweise das Einpflegen der Angebote ins SAP wird überflüssig, da diese automatisch ins Dokumenten-Management-System übernommen werden können. Ebenfalls sind die einzelnen Tätigkeiten schneller als bisher durchführbar. Der ganze Prozeß kann mit dem neuen System innerhalb weniger Minuten durchgeführt werden. Bisher vergeht häufig allein ein Tag vom Eingang der Post oder des Faxes im Vorzimmer bis zum Abholen durch den Einkäufer.

Zwischen der Ablage der Angebote bzw. der automatischen Übernahme der Angebote ins Dokumenten-Management-System und der Bestellung kann bei bestimmten Waren ein interner Genehmigungsprozeß notwendig sein. Ein detailliertes Beispiel eines solchen internen Prozesses und seiner Verbesserung durch die Nutzung eines neuen Systems befindet sich im Anhang C. Wichtig dabei ist besonders die schnellere Abwicklung des Transports. Die bisherige Hauspost wird mit einen Dokumenten-Management-System abgewickelt.

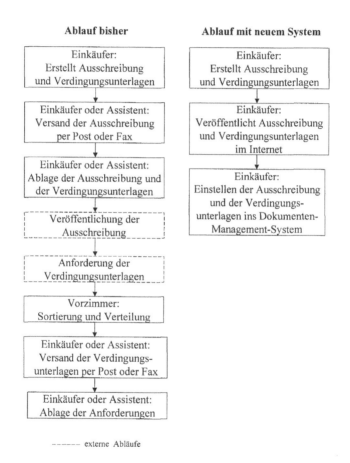

Abbildung 30: Wie kann der Ausschreibungsprozeß aussehen?

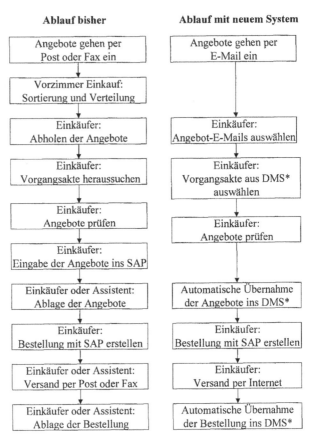

Ablauf bisher

Angebote gehen per
Post oder Fax ein

Vorzimmer Einkauf:
Sortierung und Verteilung

Einkäufer:
Abholen der Angebote

Einkäufer:
Vorgangsakte heraussuchen

Einkäufer:
Angebote prüfen

Einkäufer:
Eingabe der Angebote ins SAP

Einkäufer oder Assistent:
Ablage der Angebote

Einkäufer:
Bestellung mit SAP erstellen

Einkäufer oder Assistent:
Versand per Post oder Fax

Einkäufer oder Assistent:
Ablage der Bestellung

Ablauf mit neuem System

Angebote gehen per
E-Mail ein

Einkäufer:
Angebot-E-Mails auswählen

Einkäufer:
Vorgangsakte aus DMS*
auswählen

Einkäufer:
Angebote prüfen

Automatische Übernahme
der Angebote ins DMS*

Einkäufer:
Bestellung mit SAP erstellen

Einkäufer:
Versand per Internet

Automatische Übernahme
der Bestellung ins DMS*

*DMS: Dokumenten-Management-System

Abbildung 31: Möglicher Ablauf vom Eingang der Angebote zur Bestellung

Wie in den Abbildungen gesehen, kann durch die neue Technik Arbeitszeit eingespart werden. Insbesondere können Poststellenbedienstete und Boten reduziert werden. Aber auch Einkäufer werden zeitlich bei Routinearbeiten entlastet und können dadurch wieder eher engeren Kontakt zu den Lieferanten halten. Beispielsweise können durch geschickte Preisverhandlungen im Bereich der A-Teile erhebliche Einsparungen erzielt werden. Des weiteren kann mehr Zeit für Marktforschung und -analyse verwendet werden, um die Kosten zu senken. Das Internet kann diese Arbeiten erleichtern.

Ebenfalls kann, wie gezeigt, durch ein neues System die Abwicklung der Bestellungen, u. a. auch durch die Möglichkeit der gleichzeitigen Bearbeitung eines Vorgangs, beschleunigt werden. Somit kann eine schnellere Warenanlieferung erfolgen. Das bestellende Unternehmen kann dadurch flexibler auf den Bedarf reagieren und kann die Lagermengen und damit auch die Lagerkosten reduzieren. Bei Ausschreibungen können durch die kostenlose Internetnutzung ebenfalls erhebliche Ausgaben eingespart werden. Langfristig können alle Ausschreibungen online abgewickelt werden, und die Unkosten für die Veröffentlichung in den folgenden Printmedien (Tabelle 3) entfallen.

Ausschreibung im	bisherige Kosten pro Anzeige für die SSB:
Amtsblatt der Stadt Stuttgart........DM 500,-- bis DM 1.000,--	
Staatsanzeiger.....................DM 1.400,--	
EU-Amtsblatt....................DM 1.700,-- bis DM 2.000,--	

Tabelle 3: Einsparpotential für die SSB bei Ausschreibungen

Bei der Teilnahme an einem Online-Ausschreibungssystem fallen für die ausschreibenden Unternehmen minimale Kosten an, da die Auftragssuchenden das System zum Großteil finanzieren müssen. Die Stuttgarter Straßenbahnen AG führen jährlich ca. 150 Ausschreibungen durch, die im Amtsblatt der Stadt Stuttgart und im Staatsanzeiger veröffentlicht werden. Davon werden etwa 50 zusätzlich europaweit im EU-Amtsblatt ausgeschrieben. Somit ergibt sich im Bereich der Ausschreibungen ein Gesamteinsparpotential von ungefähr DM 400.000,--.

Zu berücksichtigen ist ebenfalls, daß durch die Einführung eines neuen elektronischen Systems Übertragungsfehler fast gänzlich ausgeschlossenen werden und so z. B. Kosten für Falschlieferungen reduziert werden können.

Es ist sehr schwierig, genaue Angaben zu den sonstigen finanziellen Einsparungen, die mit einem neuen System realisiert werden können, zu machen.

In der Literatur wird davon ausgegangen, daß sich die Bearbeitungszeit für jeden Bestellvorgang durch die Einführung eines internet- oder intranetbasierten C-Artikelmanagement halbiert. Die Prozeßkostenreduzierung wird daraus abgeleitet. Im Anhang D (Tabelle 1.) sind mögliche Einsparungen des Frankfurter Flughafens durch ein System für die Bestellung von C-Teilen dargestellt. Die Anzahl der Bestellungen am Frankfurter Flughafen dürfte etwa ähnlich hoch sein wie bei den Stuttgarter Straßenbahnen AG.

Durch die Verwendung eines Dokumenten-Management-Systems können besonders die Ablage- und Recherchevorgänge beschleunigt werden. Zusätzliche Einsparungen ergeben sich langfristig durch den Wegfall einer Registratur.

Anderson Consulting gibt für die Einsparungen durch ein Dokumenten-Management-System folgende Werte an:

- Gesamtkosten: 25 %
- Bearbeitungszeiten: 90 %

FileNet, einer der bedeutendsten Anbieter für Dokumenten-Management-System, nennt ähnliche Einsparpotentiale:

- Betriebsmittel: 25 %
- Effektivitätssteigerung: 69 %
- Raumkosten: 5 %

Eine Beispielkalkulation des Fraunhofer Instituts Arbeitswirtschaft und Organisation vergleicht im Anhang D (Tabelle II.) die Verwendung eines Papier-, eines Mikrofilmarchivs und eines optischen Archivs. Es wird von einem Dokumentenaufkommen von 2000 Belegen pro Tag ausgegangen, wobei die Hälfte davon in codierter Form vorliegen soll. Diese Menge entspricht ungefähr dem Aufkommen im Bereich des Einkaufs der Stuttgarter Straßenbahnen AG. Dargestellt werden Ablage- und Recherchezeiten, sowie das Fassungsvermögen der Archive. Auch der Verlauf der Gesamtkosten der verschiedenen Archive wird gegenübergestellt.

Kapitel 9   Fazit

Die Nutzung der Internettechnologie für Einkaufsfunktionen bringt Verbesserungen der heutigen Abläufe und kann die Prozeßkosten senken. Eine Erweiterung um ein Dokumenten-Management-System kann die Vorgänge weiter vereinfachen und beschleunigen. Bei geeigneten Anbindungsmöglichkeiten und einer unternehmensweiten Einführung ist der Einsatz eines Dokumenten-Management-Systems nützlich. Aufgrund der erheblichen Anschaffungskosten eines Dokumenten-Management-Systems und der unklaren Einsparpotentiale bei einer kombinierten Verwendung des Internets, sollte jedoch überlegt werden, ob nicht mit einfacheren Lösungen, wie z. B. mit einem internen Mailingsystem, eine ähnlich hohe Unterstützung im Einkauf erreicht werden kann.

Sinnvoll ist ein sukzessiver Einsatz des Internets, der selbst bei einer unvollständigen Integration Nutzen bringen kann. Die Auswahl der Software ist abhängig vom verwendeten betriebswirtschaftlichen System. Bei den Stuttgarter Straßenbahnen AG sollte daher vorab die Frage geklärt werden, ob das SAP-R/2 durch das R/3 abgelöst wird. Falls eine Migration durchgeführt wird, ist das weitere Vorgehen vom Einführungstermin abhängig. Die Planung eines Dokumenten-Management-Systems scheint im Moment aufgrund der fehlenden standardisierten Schnittstellen beim R/2 verfrüht.

Des weiteren muß Kontakt mit den Lieferanten aufgenommen und versucht werden, mit diesen ein gemeinsames Konzept zu erarbeiten. Die Beteiligung an Projekten wie elektronischen Ausschreibungssystemen und elektronischen Marktplätzen ist anzuraten. Um Akzeptanzprobleme zu vermeiden, müssen die Mitarbeiter, die zukünftig mit dem einzuführenden System arbeiten sollen, sehr frühzeitig in die Planungen miteinbezogen werden.

Eine Entscheidung für die Nutzung des Internets fällt ähnlich schwer wie die Einführung von SAP. Die Internettechnologie kann die Einkäufer entlasten und eine schnelle und kostengünstige Abwicklung ihrer Aufgaben unterstützen. Ein hoher Automatisierungsgrad ist insbesondere im Bereich der C-Teile wichtig und reduziert den übertriebenen Aufwand bei der Beschaffung. Vor der Einführung des Internets müssen jedoch die Ziele klar definiert und die Zugangsberechtigungen entsprechend geregelt werden.

Anhang A

Organisationsplan Stuttgarter Straßenbahnen AG

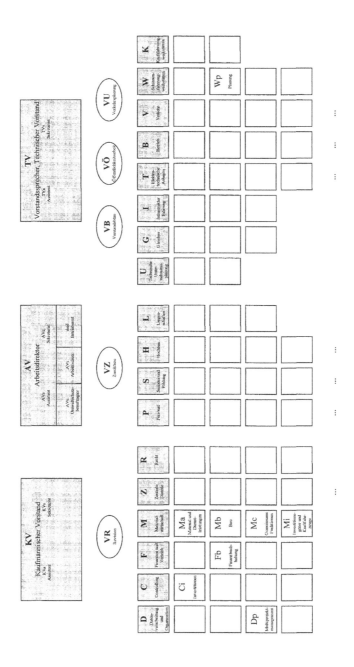

Anhang B

Tabellen eines Dokumenten-Management-Systems

Benutzer

Field	Type	Null	Key
Benutzer_ID	char(10)		PRI
Name	char(30)	YES	
Telefon	int(20) unsigned	YES	
Abteilung	char(30)	YES	

Dokumentenliste

Field	Type	Null	Key
Dokument_ID	int(12) unsigned		PRI
Dateiformat	char(4)	YES	
Datum	int(8) unsigned	YES	
Dokumentenart	enum('bAus','öAus','AnfV','VerU','Ange','Best','AufB')	YES	
Benutzer_ID	char(10)	YES	
physikal_Ablageort	char(50)	YES	

Wortliste

Field	Type	Null	Key
Wort_ID	int(8) unsigned		PRI
Wort	char(30)	YES	

darf_nutzen

Field	Type	Null	Key
Benutzer_ID	char(10)	YES	
Benutzerrechte	enum ('r','w')	YES	
Dokument_ID	int(12) unsigned	YES	

wird_zugeteilt

Field	Type	Null	Key
Dokument_ID	int(12) unsigned	YES	
Benutzer_ID	char(10)	YES	
Datum	int(8) unsigned	YES	

enthält

Field	Type	Null	Key
Dokument_ID	int(12) unsigned	YES	
Wort_ID	int(8) unsigned	YES	

Stopwortliste

Field	Type	Null	Key
Stopwort	char(30)	YES	

hat_geändert

Field	Type	Null	Key
Benutzer_ID	char(10)	YES	
Dokument_ID	int(12) unsigned	YES	
Datum	int(8) unsigned	YES	

Anhang C

Beispiel für die Verbesserung eines internen Prozesses

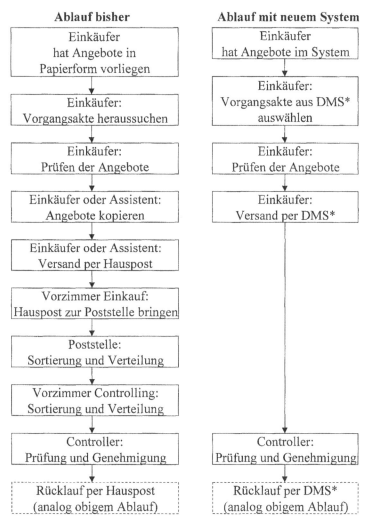

Ablauf bisher

| Einkäufer
hat Angebote in
Papierform vorliegen |

↓

| Einkäufer:
Vorgangsakte heraussuchen |

↓

| Einkäufer:
Prüfen der Angebote |

↓

| Einkäufer oder Assistent:
Angebote kopieren |

↓

| Einkäufer oder Assistent:
Versand per Hauspost |

↓

| Vorzimmer Einkauf:
Hauspost zur Poststelle bringen |

↓

| Poststelle:
Sortierung und Verteilung |

↓

| Vorzimmer Controlling:
Sortierung und Verteilung |

↓

| Controller:
Prüfung und Genehmigung |

↓

| Rücklauf per Hauspost
(analog obigem Ablauf) |

Ablauf mit neuem System

| Einkäufer
hat Angebote im System |

↓

| Einkäufer:
Vorgangsakte aus DMS*
auswählen |

↓

| Einkäufer:
Prüfen der Angebote |

↓

| Einkäufer:
Versand per DMS* |

↓

| Controller:
Prüfung und Genehmigung |

↓

| Rücklauf per DMS*
(analog obigem Ablauf) |

*DMS: Dokumenten-Management-System

Anhang D

Beispielkalkulationen

I. Mögliche Einsparpotentiale pro Jahr (Prozeßkosten) durch ein C-Artikelmanagement [Konhäuser98]

Bestellarten-verteilung	1996			1998		
	%-Anteil	Anzahl	Beschaffungs-kosten	%-Anteil	Anzahl	Beschaffungs-kosten
Einzelbestellung DM 250,--/Bestellung	63%	22.608	5.7 Mio.	30%	10.766	2.7 Mio.
Abrufe aus Rahmenverträgen DM 150,--/Bestellung	37%	13.278	2.0 Mio.	20%	7.177	1.1 Mio.
C-Artikelmanagement DM 100,--/Bestellung*				50%	17.943	1.8 Mio.
	100%	35.886	7.7 Mio.	100%	35.886	5.6 Mio.

* Der Frankfurter Flughafen
rechnet hier sogar nur mit
DM 50,--/Bestellung

⌐———→ DM 2.1 Mio. ←———⌐

II. Vergleich Papier - Mikrofilm - CD-WORM [Bullinger98]

Berechnungsbasis: 2000 Belege/Tag, 50 % CI-Dokumente

	Papier	Film	CD-WORM
Ablage	120 s	72 s	30 s
Recherche	180 s	180 s	60 s
Fassungs-vermögen	400 Belege/ Ordner	5000 Belege/ Film	ca. 55.000 Belege/CD

Gesamtkosten im Jahre	Papier-archiv	Mikrofilm-archiv	optisches Archiv
1	792.674,67	529.600,00	234.806,67
2	809.043,31	539.920,64	238.274,40
3	825.411,95	550.241,28	241.742,13
10	939.992,43	622.485,76	266.016,27

Abbildungsverzeichnis

1   SSB-Rechner-Netz... 10

2   Einkaufsprozeß.. 12

3   Verteilung der A-, B- und C-Güter.. 15

4   Überblick über den Internetstandard TCP/IP [Schweiggert98].............................. 17

5   Internet Client-Server-Modell [Mocker97]... 19

6   Netzwerk-Kommunikation [Schweiggert98].. 20

7   Adressierungsklassen im Internet.. 20

8   Internet Datagramm [Comer95].. 22

9   Online-Bestellformular Firma Quelle... 28

10 Unterstützungspotential des Internets im Einkauf [Hamm98]............................... 34

11 Verbindung zwischen WWW-Browser und SAP-R/3.. 35

12 Architektur einer gemeinsamen Plattform [Renner98].. 36

13 Eine ziemlich sichere Firewall... 40

14 Typische Zeitstruktur von Bürotätigkeiten [Kampffmeyer97]............................... 42

15 Typische Zeitstruktur von Bürotätigkeiten [Kampffmeyer97]............................... 43

16 Systemwechsel bei Stichtagslösung [Berndt98].. 47

17 Indizierung von Dokumenten... 50

18 Recherche von Dokumenten.. 56

19 Beispiel für einen Ablauf.. 61

20 Verteilter Workflow... 62

21 Bildschirm mit drei Fenstern... 67

22 SAP-Satellitenlösung für R/2-Archivierung [Berndt98]...................................... 68

23 Workflow Management Coalition Architektur.. 70

24 DMA- und ODMA-Standardisierung [Berndt98]... 71

25 Das Internet unterstützt flache Hierarchien.. 74

26 Internetbasierte Beschaffung mit automatisiertem Workflow............................... 75

27   Notwendige Systemkomponenten... 76

28   Konzeptionelles Modell eines Dokumenten-Management-Systems 78

29   Das Verfahren der digitalen Signatur [Berndt98] 82

30   Wie kann der Ausschreibungsprozeß aussehen? 85

31   Möglicher Ablauf vom Eingang der Angebote zur Bestellung.............................. 86

Tabellenverzeichnis

1   Einige Lieferanten der SSB: Wird das Internet genutzt?...................................... 77

2   Die Tabellen in einem Dokumenten-Management-System 79

3   Einsparpotential für die SSB bei Ausschreibungen 87

Literaturverzeichnis

[Berndt94]   Oliver   Berndt/Lothar   Leger: *Dokumenten-Management-Systeme: Nutzen, Organisation, Technik,* Luchterhand, Neuwied, Kriftel, Berlin, 1994

[Boni96]   Dr.   Manfred   Boni: *Internet   für   Wirtschafts-   und Sozialwissenschaftler,* Vahlen, München, 1996

[Bullinger98]   Univ.-Prof. Dr.-Ing. habil. Prof. e. h. Dr. h. c. Hans-Jörg Bullinger/Christoph Altenhofen/Mirjana Petrovic: *Marktstudie Dokumenten- und Workflow-Management-Systeme,* Fraunhofer Institut Arbeitswirtschaft und Organisation, Stuttgart, 1998

[Comer95]   Douglas E. Comer: *Internetworking with TCP/IP, Volume I: Principles, Protocols and Architecture,* Prentice-Hall, Englewood Cliffs, 1995

[Emery96]   Vince Emery: *Internet im Unternehmen: Praxis und Strategien,* dpunkt – Verlag für digitale Technologie, Heidelberg, 1996

[Geschäftsbericht96] Vorstand der Stuttgarter Straßenbahnen AG: *Geschäftsbericht 1996,* Stuttgart, 1997

[Geschäftsbericht97] Vorstand der Stuttgarter Straßenbahnen AG: *Geschäftsbericht 1997,* Stuttgart, 1998

[Hartmann89a]   Gernot Hartmann/Friedrich Härter: *Allgemeine Wirtschaftslehre,* Merkur Verlag, Rinteln, 1989

[Hartmann89b]   Gernot   Hartmann/Friedrich   Härter: *Spezielle Betriebswirtschaftslehre des Groß- und Außenhandels,* Merkur Verlag, Rinteln, 1989

[Jablonski95]   Stefan   Jablonski: *Workflow-Management-Systeme: Modellierung und Architektur,* Thomson Publ., 1995

[Kampffmeyer97]   Dr. Ulrich Kampffmeyer/Barbara Merkel: *Grundlagen des Dokumentenmanagement: Einsatzgebiete, Technologien, Trends*, Gabler, Wiesbaden, 1997

[Kalmring96]   Dirk Kalmring: *Internet für Wirtschaftswissenschaftler*, Eul, Bergisch Gladbach, 1996

[Kneer97]   Berno Kneer: Diplomarbeit: *Kommerzielle Nutzung des Internet - Implementierung eines Online-Shop-Prototyps*, Ulm, 1997

[Lipp98]   Matthias Lipp: Diplomarbeit: *Dokumentation eines EDV-Systems: Anforderungen und prototypische Realisierung am Beispiel eines Wertpapierhandelssystems*, Ulm, 1998

[Mocker97]   Helmut und Ute Mocker: *Intranet – Internet im betrieblichen Einsatz: Grundlagen, Umsetzung, Praxisbeispiele*, Datakontext, Frechen-Königsdorf, 1997

[Stickel92]   Prof. Dr. Eberhard Stickel: *Datenbankdesign: Methoden und Übungen*, Gabler, Wiesbaden, 1992

[Wöhe86]   Dr. Dr. h. c. Günter Wöhe: *Einführung in die Allgemeine Betriebswirtschaftslehre*, 16. Auflage, Verlag Franz Vahlen, München, 1986

Internetadressen

[AltaVista98]   Alta Vista Suchmaschine: *Homepage*, http://www.altavista.digital.com/, 1998

[BAS98]   Bundesausschreibungsblatt: *Homepage*, http://www.bundesausschreibungsblatt.de/, 1998

[BDI98]   Bundesamt für die Sicherheit in der Informationstechnik: *Homepage*, http://www.bsi.de/, 1998

[DMA98]   Document Management Alliance: *Homepage*, http://www.aiim.org/dma/, 1998

[Elpro98]   Fraunhofer Institut für Arbeitswirtschaft und Organisation: Projekt: *Ausschreibungssystem für öffentliche Aufträge*, http://www.elpro.net/, 1998

[Handwerk98]   Fraunhofer Institut für Arbeitswirtschaft und Organisation: *Handwerk-Online*, http://www.handwerk.iao.fhg.de/, 1998

[HP98]   Hewlett   Packard: *European   Remarketing   Online   Store*,
                    http://order.europe.hp.com/, 1998

[IndustryNET98]   IndustryNET: *Einkaufszentrum   für   Business-to-Business*,
                    http://www.industry.net/, 1998

[Komp98]   Kompetenzzentrum: *Informationstechnik   im   Einkauf*,
                    http://www.beschaffung.net/, 1998

[OBI98]   Standardisierungs-Initiative: *Open   Buying   on   the   Internet*,
                    http://www.supplyworks.com/obi/, 1998

[ODMA98]   Open   Document   Management   API: *Homepage*,
                    http://www.aiim.org/odma/odma.htm, 1998

[Quelle98]   Firma Quelle Versand: *Homepage*, http://www.quelle.de/, 1998

[SAI96a]   Sektion   Angewandte   Informationsverarbeitung,   Universität
                    Ulm: IFC-Seminar: *UNIX-   und   Internet-Dienste*,
                    http://www.mathematik.uni-ulm.de/sai/ss96/ifc.internet/themen.html,
                    1996

[SAI96b]   Sektion   Angewandte   Informationsverarbeitung,   Universität
                    Ulm: *Kleine Anleitung für das Ausdenken sicherer Paßwörter*,
                    http://www.mathematik.uni-ulm.de/admin/passwd.html,
                    Andreas Borchert, 1996

[SSB98a]   Stuttgarter   Straßenbahnen   AG: *Homepage*,
                    http://www.ssb-ag.de/, 1998

[SSB98b]   Stuttgarter Straßenbahnen AG: *Daten, Zahlen, Leistungen*,
                    http://www.ssb-ag.de/ssbag/zahlensp.html, 1998

[Yahoo98]   Yahoo   Suchmaschine: *Homepage*,   http://www.yahoo.com/,
                    1998

[WfMC98]   Workflow   Management   Coalition: *Homepage*,
                    http://www.aiim.org/wfmc/, 1998

[WLW98]   Wer   liefert   was?   GmbH: *Wer   liefert   was?*,
                    http://www.wer-liefert-was.de/, 1998

Sonstige Hilfsmittel

[Berg96]   o. V.: *Über Berg und Tal, Bd. 1/96*, SSB, Stuttgart, 1996

[Berndt98]   Oliver   Berndt: Workshop: *Elektronische Rechnungsarchivierung*, Rosenheim, 1998

[Brenner98]   Prof. Dr. Walter Brenner: Unterlagen zum Vortrag: *Internet und der Einkauf der Zukunft*, Technische Universität Bergakademie, Freiberg, 1998

[Hamm98]   Dr. rer. pol. Volker Hamm: *Potentiale des Internet und Intranet als Einkaufsinstrumente* (Vortrag), Baumgartner & Partner Unternehmensberatung GmbH, Sindelfingen, 1998

[Keck92]   Keck/Bollheimer: ODIN-Teilprojekt: *Beschaffung   und Abrechnung*, SSB, Stuttgart, 1992

[Konhäuser98]   Christian   Konhäuser: Folien   zum   Vortrag: *C-Artikelmanagement*, Flughafen Frankfurt Main AG, Frankfurt am Main, 1998

[Leittext97]   o. V.: *Leittext Materialwirtschaft – Teil 1*, SSB, Stuttgart, 1997

[Modler98]   Ulrich Modler: *Verschlüsselung zur Sicherheit beim European Remarketing Online Store*, Hewlett Packard GmbH, Böblingen, E-Mail vom 12.5.98

[Orgaplan97]   o. V.: *Organisationsplan*, SSB, Stuttgart, 1997

[Renner98]   Thomas Renner: Dokumentation zur Informationsveranstaltung: *Internet und Intranet im Einkauf*, Fraunhofer Institut Arbeitswirtschaft und Organisation, Stuttgart, 1998

[Rieger98]   Thomas Rieger: *Kommunikation des Einkaufs über Internet und andere elektronische Wege* (Vortragsdokumentation), Produktmanagement SAP AG, Walldorf, 1998

[Schweiggert98]   Prof. Dr. Franz Schweiggert: Skript zur Vorlesung: *Systemnahe Software II*, Universität Ulm, 1998

[Stephan98]   Uwe Stephan: *Nutzung des Quelle-Online-Shops*, Quelle Schickedanz AG & Co. Leitung Konzeption Online/Internet, E-Mail vom 5.5.98

[Witte98]   Andreas Witte: *Rechtsgrundlagen für die Abwicklung von Bestellungen per Internet* (Unterlagen zum Seminar), Rechtsanwälte Witte & Witte, München, 1998

Alexander Müller
Mecklenburgweg 18
89075 Ulm

Erklärung

Ich erkläre hiermit, daß ich die Diplomarbeit selbständig verfaßt, keine anderen als die angegebenen Quellen und Hilfsmittel verwendet habe, sowie alle direkt oder indirekt übernommenen Stellen in der Arbeit gekennzeichnet habe.

Ulm, im Oktober 1998

Alexander Müller

Diplomarbeiten Agentur

Die Diplomarbeiten Agentur vermarktet seit 1996 erfolgreich
Wirtschaftsstudien, Diplomarbeiten, Magisterarbeiten, Dissertationen
und andere Studienabschlußarbeiten aller Fachbereiche und Hochschulen.

Seriosität, Professionalität und Exklusivität prägen unsere Leistungen:

- Kostenlose Aufnahme der Arbeiten in unser Lieferprogramm
- Faire Beteiligung an den Verkaufserlösen
- Autorinnen und Autoren können den Verkaufspreis selber festlegen
- Effizientes Marketing über viele Distributionskanäle
- Präsenz im Internet unter **http://www.diplom.de**
- Umfangreiches Angebot von mehreren tausend Arbeiten
- Großer Bekanntheitsgrad durch Fernsehen, Hörfunk und Printmedien

Setzen Sie sich mit uns in Verbindung:

Diplomarbeiten Agentur
Dipl. Kfm. Dipl. Hdl. Björn Bedey –
Dipl. Wi.-Ing. Martin Haschke ––
und Guido Meyer GbR ––––

Hermannstal 119 k ––––
22119 Hamburg ––––

Fon: 040 / 655 99 20 ––––
Fax: 040 / 655 99 222 ––––

agentur@diplom.de ––––
www.diplom.de ––––

www.ingramcontent.com/pod-product-compliance
Lightning Source LLC
LaVergne TN
LVHW092339060326
832902LV00008B/727